MANUELA VILLA

L'OBBLIGO DEL SILENZIO

Armando Curcio Editore

ELECTI
I Edizione gennaio 2007

www.armandocurcioeditore.it
info@armandocurcioeditore.it

Art Director: Mauro Ortolani
Editing: Curcio Video S.r.l.
Foto di copertina: Giorgio Amendola
Foto quarta di copertina: Pepè

ISBN
978-88-95049-11-3

Mi avvicinai tra le quinte e mi accorsi di non sentire alcun rumore. Fin quando l'istinto per rompere il silenzio si mise a ballare.

Manuela Villa

Di solito le dediche vengono fatte a persone care. Ma le dediche sono parole e non fatti, e ai miei cari ho ben altro da regalare. In questo caso... mi sento di voler dedicare quello che ho scritto e che scriverò nel mio prossimo lavoro, a tutti quelli che continuano a tacere. A tutti quelli che fanno finta di niente. A chi specula sulla sofferenza. A quelli che lasciano i propri figli perché ne hanno paura. A tutti quelli che fanno ostruzionismo. A chi ha rubato il mio microfono per non farmi cantare. A chi mi ha ingannata parlando di "famiglia" e pugnalata alle spalle per la mia debolezza. Allo Sciacallo. Alla legge che dovrebbe essere uguale per tutti ma è veloce solo per quei pochi che se lo possono permettere. Alla burocrazia che con la sua lentezza mi ha negato l'adolescenza. Agli schiavisti del mondo dello spettacolo. Agli usurpatori. Ai bugiardi. Ai violentatori di anime.

Con il più sentito non affetto.

UN UOMO "CONTRO"
di Miranda Martino

È la terza volta che mi si chiede di parlare di colleghi che ho frequentato negli anni Sessanta. La prima volta fu all'uscita del libro di Aldo Fegatelli-Colonna su Luigi Tenco, di cui ero fraterna amica. Poi mi chiesero di scrivere un pensiero su Dalida, che conoscevo bene, perché Luigi veniva qualche volta a casa mia con lei. Ironia della sorte, mi si chiede ora di ricordare Claudio Villa. Un triangolo curioso: Tenco, Dalida, Villa. Tre vite diverse e forse tre destini comuni.
Fu a Buenos Aires che conobbi più da vicino Claudio. Avevo delle riserve su di lui, dei pregiudizi. Non mi piaceva la sua esuberanza mista a presunzione, quella sbruffoneria mista ad arroganza, e non mi piaceva il suo modo di cantare troppo "cantato". Preferivo i bassi ai tenori, il canto soft alle enfasi vocali.
Comunque, a parte i miei giudizi, stare con lui era gradevole, ci divertivamo e ci raccontavamo barzellette. Ma si parlava anche di questioni serie, come la mancanza di un sindacato cantanti, e per queste conversazioni la mia opinione su di lui cambiò.
Nel tempo cominciai a prendere coscienza della vulnerabilità della nostra categoria e mi resi conto che Villa era uno dei pochi a battersi contro i soprusi della televisione e delle case discografiche. Difese la categoria con rabbia e con forza dai ricatti che era costretta a subire. Senza timore manifestava il suo essere contro, contro le ingiustizie, contro le disparità sociali, le arroganze del potere, come un novello Don Chisciotte.
Ma la difesa più sofferta e umana fu quando la sua stella cominciò a brillare di meno, quando i mass media lo denigrarono, quando i giornalisti lo criticarono con crudeltà. Era come un leone ferito, ma non si arrese mai.

Provai una grande stima per lui e per la sua forte personalità e quando lo sentivo cantare non lo criticai più. Sentivo nella sua voce una passione autentica, mista al dolore di non essere capito, di non essere più amato, la stessa passione grintosa che la figlia Manuela, insieme al talento, ha ereditato.
Ma il pubblico non lo tradì mai. La voce di Claudio Villa, quando da giovane cantava nei ristoranti gli stornelli romani, era pura, cristallina, piena di armonici leggeri, ed era in possesso di una tecnica vocale che col tempo irrobustì, mandando in visibilio quasi tre generazioni di ascoltatori.
Sono sicura che se fosse stato rispettato come artista e come uomo non sarebbe scomparso così presto. Il suo cuore non ha retto il troppo dolore.
Ma ogni artista va accettato soprattutto per il talento e per le emozioni che suscita, e Villa era una forza della natura.
Quando nel 1987 Pippo Baudo annunciò emozionato la sua morte, la platea si ammutolì, un silenzio smarrito si impadronì di tutti e anche di me, che guardavo il Festival da casa. Per qualche minuto non riuscii a parlare. Pensai che in quel momento Villa era ancora su quel palco con il suo sorriso di sfida, a far sentire il suo ultimo acuto.
Dopo questo mio pensiero, un lungo applauso liberatorio scoppiò dalla platea. Sembrava che anche il pubblico avesse avuto questa mia stessa sensazione. Impadronitisi del palco, ricordi ed emozioni non vollero più andare via.

L'AMORE E IL CORAGGIO DI PARLARE
di Marcello Cirillo

Ho conosciuto Manuela Villa dividendo con lei lo stesso palcoscenico, qualche anno fa... figura emozionante, artista capace, cantante intonata, cosa ormai rara nel panorama musicale italiano. Coinvolgente, istrionica e appassionata. Ho apprezzato Manuela nella finzione teatrale, e mi sono tornati alla memoria i versi di Fernando Pessoa: "Finge così completamente / che arriva a fingere che è dolore / il dolore che davvero sente".
Ma è la scrittrice che mi ha incuriosito e coinvolto. Se dopo aver letto *L'obbligo del silenzio* dovessi immaginare Manuela Villa e darne una definizione, la vedrei al centro dell'universo "famiglia", e tutti gli affetti intorno, come satelliti.
Manuela non descrive questo universo esplorandolo all'esterno, non cerca punti di vista alternativi: il suo è unico, privilegiato, eppure sofferto poiché ci vive dentro, ne assimila gli aspetti e li interiorizza. Li recepisce in una condizione emotiva che è poi la medesima che ripropone, d'istinto, senza curarsi affatto di analizzarli fino alle origini o chiedersene una ragione.
In sostanza Manuela si identifica con i suoi amori e con l'affetto che la circonda, con i sentimenti vissuti e conclusi, con quelli ancora in lotta, e se ne fa espressione immediata e genuina. Una genuinità alla quale porta il suo contributo la parola, che è sempre il risultato di una ricerca sofferta, che parte dal di dentro e dentro si conclude, incalzata dalla necessità di farsi essa stessa emozione, sentimento, rabbia, furore, aspirazione e rimpianto.
In questo libro le vicende vissute e le emozioni forti che ne scaturiscono si fondono e inscindibilmente si fanno contenuto. E la sensazione che se ne riceve è tanto chiara quanto diretta: è questo universo di affetti e difetti, di coraggio e

passione che si racconta da sé, spiegandosi via via agli occhi di chi legge, puntando costantemente al cuore.
Ho avuto l'onore di lavorare con Claudio Villa nella trasmissione di Arbore *Cari amici vicini e lontani*, molto tempo fa. Nei camerini della DEAR, uno degli studi televisivi storici della RAI, il Reuccio mi mostrava orgoglioso alcune copertine di giornali di tutto il mondo che lo celebravano, ritraendolo in varie pose plastiche. Quello stesso orgoglio misto a emozione che ho letto negli occhi di Manuela quando, sui fogli sparsi dell'ultima stesura del suo libro, mi ha letto la parola fine.

MANUELA VILLA

L'OBBLIGO DEL SILENZIO

SOMMARIO

PROLOGO

Se qualcuno dicesse a una bambina di dodici anni: “Da oggi non indosserai più le tue scarpette rosa con la tuta felpata, ma gli abiti di tua madre e di tuo padre” cosa pensi che accadrebbe?

La bambina griderebbe aiuto. Ed è quello che è successo.

Quella bambina non ha avuto gli abiti giusti e ha imparato a cucire per sistemarli, ma il più delle volte restava una parte più lunga dell’altra.

Ha imparato a dipingere, per cambiare i colori scuri e le fantasie stampate sulla stoffa. I bambini non hanno fantasie stampate, le loro volano, cambiano, sono intoccabili e irraggiungibili.

Ha indossato scarpe grandi, che le scivolavano dai piedi e la facevano cadere, ma si rialzava e con l’ingegno e la stoffa che avanzava riempiva gli spazi nelle scarpe.

Ha indossato un gran cappotto, che le ha curvato la schiena quando con la pioggia si è impregnato quadruplicando il suo peso. E con una spessa stola avvolta attorno al collo ha sofferto in silenzio per non soffocare.

Ma intanto, in fretta, cresceva e tutto è diventato leggero.

Manuela ha scritto *L’obbligo del silenzio* perché nessuno ha il diritto di sottrarre a un bambino la propria identità, la spensieratezza, le fantasie, l’amore, la fiducia, imponendogli di non parlare.

Togliere il sorriso a un bambino è come toccare le ali di una farfalla. Non potrà mai più volare, e quando arriverà il tramonto, saprà di aver avuto una sola occasione per spiccare il volo. Un solo giorno.

CAPITOLO 1

L'INFANZIA INCONSAPEVOLE

Mi presentai al mondo con dei folti capelli neri, gli occhi chiusi come fossero dipinti dalla punta nera di un pennello. Tutto sommato non posso dire di essermi presentata in disordine. Solo più tardi avrei capito che non conta come ci presentiamo, ma come ci presentano gli altri.
Attaccata al seno di mia madre, guardando il suo volto, vedevo senza saperlo un dolore che solo molto più in là avrei compreso. Tempo al tempo.
La mia infanzia è stata serena. Come molti bambini detestavo alzarmi presto la mattina per andare a scuola, proprio non lo sopportavo. In compenso mettevo tutta la mia vivacità nello sport. Frequentavo centri sportivi e praticavo discipline diverse con ottimi risultati. Tra le mie passioni c'era anche il pianoforte, che studiavo con impegno sperando con tutto il cuore che prima o poi sarei diventata una concertista affermata.
Ero una ragazzina molto testarda ma piena di allegria, e mi divertivo a strappare risate attraverso imitazioni di personaggi il più delle volte inventati da me qualche attimo prima. Questo gioco mi faceva stare bene.
La serenità di quei giorni era la naturale emanazione di una famiglia molto unita e dell'amore che i miei genitori nutrivano verso mia sorella Chicca, mio fratello Claudio e me.
Mia madre era sempre riuscita a nascondermi la sofferenza che l'aveva accompagnata nei miei primi anni di vita, quando si era trovata sola, con due figli piccoli da crescere e mantenere.

CAPITOLO 2

LA MADRE

La sua vita non era stata facile. Sesta di sette figli, era nata a Pantelleria ma per via della guerra si era trasferita già in tenera età a Roma, presso la sorella maggiore.
Lì rimase fino a quando riuscì a tornare dai suoi genitori, che nel frattempo si erano trasferiti a Siracusa.
Aveva appena undici anni e a causa delle difficoltà imposte dal dopoguerra i miei nonni si videro costretti a iscriverla in un collegio. Potevano così garantirle pasti (poco importava se freddi), un letto (poco importava se duro) e l'istruzione, che non era certo all'avanguardia ma rappresentava pur sempre un traguardo notevole per quei tempi.
La vita in collegio aveva i suoi limiti, ma era una vita degna e sicura, che mia madre condivideva con la sorella minore. Così, almeno le due più piccole della famiglia crescevano tranquille e serene.
Mia madre restò in quell'istituto fino ai diciassette anni. Sua sorella si fece suora e vi restò per sempre.
Ma la vita all'interno di quelle quattro mura non era quella che mia madre sognava e fece di tutto per convincere i suoi a farla ritornare dalla sorella che qualche anno prima l'aveva ospitata a Roma.
Era la sua innata predisposizione per il teatro che la chiamava lontano, ma i tempi e le condizioni non erano del tutto favorevoli alla realizzazione del suo sogno. Solo mio nonno Salvatore era dalla sua parte, dimostrando un'apertura mentale notevole per un padre siciliano di quei tempi. Lui stesso amava molto il teatro e aveva subito compreso quanto grande fosse la passione della figlia per questa arte, in ogni sua manifestazione.
Fu d'accordo quando lei decise di partire per Roma, ma ci tenne a ripeterle una frase: "Ricordati che le donne sono come i fiori, più si toccano e più si sciupano!"
Giunta nella capitale, mia madre si adoperò in ogni modo per avvicinarsi a quel mondo che tanto amava. Si intrufolava

di nascosto nei teatri e nelle sale da ballo, rubando con gli occhi quei passi di danza che i ballerini provavano per gli spettacoli. Nel frattempo alternava alla danza corsi di stenografia e dattilografia.
Giorno dopo giorno, riuscì ad affinare la propria preparazione, finché, grazie al buon successo di un provino, trovò lavoro in una compagnia teatrale. Era il 1952.
Mia madre adorava ballare e lo faceva con tutta la passione che aveva in corpo.
Fu proprio tra le tavole del palcoscenico che qualche anno dopo incontrò l'amore e nello stesso tempo lo sconvolgimento della sua stessa vita.

CAPITOLO 3

UN AMORE NATO TRA LE QUINTE

Quell'uomo, Claudio Villa, aveva già iniziato la sua ascesa verso il successo. Giovanissimo, era la stella della compagnia e col suo fare esuberante attirava l'attenzione di tutti conquistandosi simpatie e antipatie.
Con il suo sorriso schietto, con quegli occhi furbi e la sua grande voce, da ragazzo di borgata, per tanti ragazzi si trasformò ben presto in un mito da imitare. Per le mamme era il figlio ideale che tutti vorrebbero avere.
Aperto e diretto, era sempre in prima linea quando si trattava di competere. Lui amava la competizione, e a quei tempi c'era quella vera: non si lasciava spazio, come oggi, a delle mezze cartucce e ogni piccola conquista era sudata davvero. Fu amato e odiato da chi non riuscì mai a stargli dietro. Indiscutibile il suo talento. Indiscutibile la sua professionalità. Indiscutibilmente Claudio Villa.
Si era sposato e aveva un figlio ancora piccolo. Appena separato, attendeva il divorzio, e quella separazione gli aveva già causato non pochi problemi. Il suo nome da tempo era in pasto ai giornali e non avrebbe mai potuto dichiarare pubblicamente la nascita di un altro figlio al di fuori del matrimonio. Si sarebbe gridato allo scandalo.
Mio fratello Claudio nacque nel 1961 fuori da ogni clamore, mentre i miei genitori proseguivano la loro relazione con assoluta discrezione, non proferendo parola con nessuno che fosse estraneo alle famiglie.
La vita non era facile per mio padre, ma non lo era soprattutto per mia madre. Oltre a ballare accudiva il figlio, trasformando in fretta il suo angusto camerino in una splendida cameretta per bambini. Non voleva far mancare nulla a mio fratello e doveva risolvere tutti i problemi che le si presentavano senza poterli condividere con mio padre.
Lui era sempre affiancato da giornalisti e fotografi, pronti a coglierlo in flagrante per un nuovo scoop. Ma quel figlio era un segreto e tale doveva restare per il bene di tutti.

Peccato che il bene degli adulti spesso non coincida con quello dei bambini. Le leggi di quel tempo non tutelavano i minori, si guardava più alla forma che alla sostanza.
A mia madre fu presto evidente che non poteva più conciliare quel lavoro itinerante con la sua condizione di ragazza madre, senza un posto fisso dove andare all'infuori delle pensioni di quart'ordine in cui sostavano le compagnie.
Decise di lasciare il teatro, rassicurata dalle parole di mio padre. Avrebbe sistemato tutto, le ripeteva, era solo questione di tempo.
E così per quel grande amore nato nel 1960 e patito molti anni tra le quinte dei teatri e nella vita di tutti i giorni fino al mio arrivo, quattro anni dopo, mamma dovette abbandonare la sua grande passione, dedicando a noi tutta la sua esistenza.
Ma nonostante la sua rinuncia, lei e mio padre continuarono a frequentarsi in segreto.
Mio fratello lo incontrava di nascosto nei camerini dei teatri, anche se spesso, con delle scuse poco convincenti, mio padre lo allontanava perché il primogenito non scoprisse quella grande verità. Non sapeva quanto male avrebbe causato a quel bambino, che viveva l'alternanza costante di un abbraccio e di un allontanamento, senza capirne il perché.
Spesso mio fratello passava del tempo a casa di mio padre, in compagnia della nonna Ulpia e della famiglia al completo del giardiniere di casa Villa. Sembrava la soluzione meno chiassosa.
"Sistemerò tutto," continuava a ripetere, "sistemerò tutto."
Ma qualche anno dopo mamma attendeva un altro figlio.

CAPITOLO 4

LA VITA, OGNI GIORNO

Con il mio arrivo, mamma si rese conto che era arrivato il momento di dare un taglio a quella precarietà e trovò un lavoro come portantina presso l'ospedale Forlanini di Roma. Si rimboccò le maniche e sudò per noi anche il più piccolo barattolo di omogeneizzato.
Ripenso con tenerezza e amarezza alla sua dedizione. Quando a uno di noi veniva la febbre, per rimanerci accanto inscenava una brutta caduta sul lavoro. Sotto la doccia giù e poi ancora giù, a colpi di ciabatta, si faceva diventare tutto il fianco livido e gonfio fino a zoppicare. Così otteneva giorni di permesso da passare a casa per curare i suoi figli.
Cercava una persona che potesse accudirci, considerando anche che avevo solo pochi mesi, e il ricordo di mio fratello diventa mio quando lui stesso me lo racconta con un sorriso.
In casa nostra passarono diverse baby-sitter, ma una in particolare gli rimase impressa.
Era vestita di nero, con un fazzoletto nero sulla testa che le contornava tutto il viso senza far uscire dai bordi neanche un capello (doveva essere nero anch'esso!), e aveva un occhio di vetro che sembrava dovesse uscire dall'orbita da un momento all'altro. Ma la cosa che più lo spaventava era che mi trattava male. Mia madre non esitò a mandarla via.
L'esigenza di lavorare e nello stesso tempo di sapere al sicuro i propri figli era un problema insormontabile. E mentre cercava qualche anima pia che potesse aiutarla, affidò a mio fratello l'arduo compito di darmi da mangiare e di accudirmi.
Gli disse "Claudio, lo vedi l'orologio? Non appena la lancetta piccola arriverà sul numero 12 dovrai prendere la bottiglia del latte che mamma ha preparato sul tavolo e dovrai darlo a tua sorella."
Claudio aveva appena cinque anni e mi fa rivivere la scena.
"Mi mettevo davanti a quell'orologio, in piedi come un soldatino, e fin quando la lancetta non raggiungeva il punto che mamma mi aveva segnalato non riuscivo a fare altro.

Prendevo la bottiglia del latte e te lo facevo bere tutto, fino all'ultima goccia, anche se non ti andava. Poi ti addormentavi e quando mamma ritornava ero soddisfatto per aver svolto quel compito così importante."
Il pensiero di quel bambino che mi dà il latte mi riempie di tenerezza e immagino con quanta angoscia potesse vivere il suo lavoro mia madre, costretta a lasciare i suoi piccoli da soli. Ma noi eravamo già grandi e lei ci amava con tutta la sua energia.
Anche nelle situazioni estreme la sua fantasia riusciva a trasformare la realtà in un gioco da non prendere troppo sul serio. Capitò diverse volte, ero molto piccola, che ci portassero via il divano dal salotto, perché non era riuscita a pagare le rate. E ogni volta, a me che guardavo spaurita quei signori, diceva con un sorriso, ma con una morsa dentro che le stritolava l'anima: "Tranquilla Manuela! Lo stanno portando via perché mamma ne ha preso uno più bello!" e come per magia il giorno dopo arrivava un divano nuovo.
E così tra mobili, lavoro e tanta tragico-fantasia, quella donna tenace riuscì a sostenere me e Claudio senza privarci di nulla e senza mai farci pesare di essere venuti al mondo.

CAPITOLO 5

ELIO

Poi, un giorno, Elio è entrato in casa e nella nostra vita. Da quel preciso momento per me lui è stato papà. Avevo due anni o qualcosa di più. Lui ne aveva ventiquattro. Era più giovane di mia madre di nove anni, ma la amava! E con lei, tutto quello che faceva parte della sua vita. Compresi noi.
Quasi fosse un segno del destino, anche Elio veniva dalla Sicilia e come lei amava l'arte, la lettura, era un vero appassionato di cinema.
Era direttore della fotografia e tornava dai suoi lunghi viaggi all'estero con immense valigie piene di ricordini, che ci regalava con amore sincero. Lo ricordo sempre attento e meticoloso, ci spiegava la provenienza di ogni oggetto e il loro uso.
Sentire gli odori che fuoriuscivano dalla valigia quando la apriva era una sensazione bellissima! Era come scoprire attraverso di essi le meravigliose culture dei popoli e dei luoghi che aveva visitato.
Com'erano belle le nostre gite a Venezia, con i piccioni di piazza San Marco che venivano a beccarci sulle mani per mangiare...
Ricordo i viaggi fatti insieme, ma anche i momenti spensierati del quotidiano, quando mi portava in giro per casa reggendomi sui suoi grandi, enormi piedoni, o quando giocavamo a fare la lotta.
Era una gioia incredibilmente bella, una sensazione sublime!
Nel 1970 nacque mia sorella Alita, che da subito chiamammo Chicca. Era bellissima, con gli occhi azzurri e immensi, gli stessi di mia madre.
Eravamo tutti felicissimi per l'arrivo di nostra sorella, e Claudio ed io le stavamo accanto come due sentinelle incaricate di fare la guardia a qualcosa di estremamente prezioso.

Certo è che se prima mio fratello doveva vedersela solo con me, da quel momento in poi le “femmine” da sopportare diventarono due e non fu sempre facile tenerci a bada!
In casa si respirava un’aria leggera, colorata da quelle emozioni che giorno dopo giorno si vivevano insieme.
Grazie alla stabilità della mia famiglia posso dire di essere stata una bambina felice e fortunata. Davanti a me vedevo una strada libera da tutto e da tutti. Mi sentivo viva, forte, magica, ricca dentro. Il mondo era dalla mia parte.

CAPITOLO 6
MANUELA BAMBINA

Come tutti i miei coetanei trascorrevo le giornate in maniera molto movimentata. Ero una bambina intraprendente, avventurosa e dallo spiccato spirito competitivo.
A scuola, durante la ricreazione, il cortile veniva categoricamente diviso in due, da una parte le femmine, dall'altra i maschi. Ma puntualmente la suora, prendendomi per un orecchio, doveva riportarmi come una pecorella smarrita in quello che diceva essere il mio posto.
Io volevo giocare a guardie e ladri o con il pallone, e mi annoiavano terribilmente le compagne che giocavano con le bambole, a mamma e figlia o a fare la spesa.
Portavo i capelli sempre corti e così mi camuffavo meglio tra i maschi, ma il colore del mio fiocco mi faceva scoprire e di nuovo ero costretta a tornare nella zona delle bambole. Non mi sono mai piaciute le bambole!
Non dimenticherò mai quel carnevale. Le maestre avevano organizzato una festa a scuola e io mi presentai con la mia maschera preferita.
Dame, fatine, principesse... ma chi è quello? Era Manuela, vestita da Zorro di tutto punto, con una mascherina nera disegnata sul volto sotto alla mascherina di cartapesta. Me l'aveva dipinta mia madre per sorprendere tutti!
Mi accantonarono in un angolo, non sapevano come collocarmi: non ero un maschio, ma non potevo stare con le femmine. Inutile descrivere come mi sentivo.
Durante il periodo delle vacanze andavo in collegio dalla zia suora, nello stesso istituto dove mia madre aveva vissuto parte della sua infanzia. In quella terra favolosa che è la Sicilia, ho coltivato amicizie alle quali ho sempre creduto e che ritengo tuttora indispensabili.
Trascorrevo le calde giornate estive con mia zia, che ogni giorno mi portava al mare. I giochi, la vita all'aria aperta... Per me il collegio era un centro di svago, una colonia. Ma per le altre piccole ospiti era una questione di sopravvivenza.

Erano bambine dalle età più disparate, con delle storie indescrivibili alle spalle, vittime di violenze di ogni genere. Non potrò mai dimenticare quell'anima di Dio di appena tre anni con la schiena martoriata dai segni di sigaretta o gli occhi sempre tristi della piccola Palmina.
Io non capivo niente di quelle vite, perché non avevo nulla di cui soffrire o lamentarmi. La mia era una vacanza, la zia del mio cuore era sempre accanto a me, e avevo tutto quello che desideravo. Ogni anno, durante il periodo scolastico, non vedevo l'ora che arrivasse l'estate per ritornare in quel collegio e incontrare le mie amiche predilette.
Ma dagli sguardi sempre tristi e cerchiati delle compagne e dai loro rarissimi sorrisi, stavo per comprendere che la vita non era solo lo sport, la musica e la mia famiglia unita. C'era dell'altro.
La vita del collegio non era bella. La mattina ci si alzava prestissimo, verso le sei. Ci si lavava e ci si vestiva, si aiutavano le più piccole, si rifacevano i letti e poi giù a colazione, ma al posto dei biscotti che mangiavo a casa c'era il pane del giorno prima. Tutto avveniva in assoluto e religioso silenzio.
Lavavamo tazze e posate con l'acqua gelata e quelle manine così piccole si riempivano di geloni. Si pulivano tavoli e pavimenti, poi si andava al mare qualche ora. Ma chi aveva fatto qualche marachella rimaneva in castigo.
Arrivando sulla spiaggia in tante e con le suore, i bagnanti ci guardavano incuriositi. Spesso, tra il rumore del vento e quello del mare, echeggiava la parola "orfane". In realtà molte di noi lo erano.
Un bagno, un po' di sole e di corsa al convento, per ricominciare con la pulizia, la preparazione dei tavoli e infine il pranzo in assoluto silenzio.
Se si lasciava qualcosa sul piatto o se cadeva una posta volava uno schiaffo. Poi, mentre alcune preparavano il refettorio per la cena, altre riposavano qualche ora.

Il dormitorio era enorme, con soffitti altissimi. E per dormire la regola era severa, anche in pieno agosto: gambe rigorosamente coperte, mani fuori dalle lenzuola. Lacrime e singhiozzi riempivano quelle ore pomeridiane mentre si faceva finta di dormire.

Al risveglio tutti in cortile, pane e salame o, quando era festa, vaschette di cioccolata e formaggino. Ma il pane era duro e pieno di insetti.

Io in un certo senso vivevo quel mondo da spettatrice, ma soffrivo per le mie compagne.

Del resto anche le suore non facevano una bella vita. Molte di loro avevano storie tristi alle spalle e mi immaginavo quanto l'istituto potesse essere peggiore ai tempi di mia madre e di mia zia, quando in corso c'era la guerra.

Quelle amiche, che hanno vissuto lì una vita intera, le ho sempre amate e rispettate, e ancora le frequento. Amo quel posto e tutti quelli che ci hanno vissuto. Suore comprese.

CAPITOLO 7

UNA RIVELAZIONE INASPETTATA

Anche nell'estate del 1978, appena dodicenne, tornai in Sicilia con il desiderio di raccontare alle mie amiche le novità e le curiosità sulla vita che si svolgeva al di fuori delle mura del collegio. Sentivo una sorta di responsabilità, quasi il dovere di aggiornarle, e per farlo portavo con me anche qualche fotoromanzo, avendo ben cura di tenerlo nascosto: quelle letture erano assolutamente vietate dalla madre superiora, non si potevano tenere!
La compagnia era piuttosto vivace e con reciproca complicità riuscivamo a organizzare degli scherzetti innocenti alle suore. Di solito il castigo con cui ci ricambiavano era ben più pesante dello scherzo stesso, ma ne valeva la pena!
Fu proprio grazie a uno di quegli scherzi che avrei scoperto l'incredibile verità sulla mia vita.
Un giorno io e la mia amica del cuore Elena organizzammo un nuovo dispetto ai danni di una suorina: un bel pupazzo fatto con i pigiami e gli asciugamani infilato sotto le lenzuola della religiosa "come un uomo che dormiva da non so quanti giorni", come avrebbe detto lei stessa raccontando esterrefatta l'accaduto. Poi attendemmo con ansia infantile e carica di aspettative la scoperta che di lì a poco sarebbe avvenuta.
Quale orrore avrà mai potuto provocare lo scherzo goliardico di due ragazzine, ideato solo per rendere la vita meno monotona? Il risultato fu deludente e allo stesso tempo pesante: arrabbiatissima e devo dire anche un po' spaventata, la suora ci ripagò con due battute taglienti come lamette. Non ricordo quella rivolta alla mia amica, ma non dimenticherò mai la mia.
"Tu, tu, che ridi tanto e fai la spiritosa, devi ringraziare quel-l'uomo che ti mantiene, altrimenti non te ne andresti più da qui e allora...!"
Mi lasciò a bocca aperta. Il sorriso spensierato e ingenuo del-l'istante prima pian piano si spense. Non capii un granché,

ma sentii crescere dentro di me qualcosa di strano e disgustoso allo stesso tempo e mi allontanai. Solo quindici anni dopo Elena ed io saremmo riuscite a parlare di quell'episodio che aveva segnato la nostra spensieratezza.
Nell'immediato non ebbi reazioni. Fu qualche giorno dopo, in un momento di riflessione, che quella frase mi tornò in mente sempre più pesante e incomprensibile. Decisi allora di andare da mia zia, diretta come un pugno nello stomaco.
"Perché io ho il cognome della mamma, mentre tutti i bambini della mia classe hanno quello del papà?"
Ricordo che viaggiavamo in autobus verso casa dei miei nonni, a Noto, non lontana da Siracusa.
Di fronte a quella domanda così precisa, la povera zia si trovò in grande imbarazzo, e provò rabbia quando seppe quale fonte mi avesse indotto improvvisamente a simili pensieri.
Mi rispose con la forza della verità e con occhi gentili e materni, svelandomi in un istante il "segreto" che avrebbe cambiato la mia vita.
Mi disse che il padre che mi aveva cresciuto, amato e adorato tanto non era il mio vero padre, anche se amava me e mio fratello Claudio esattamente quanto Chicca, senza differenza di sorta.
"Non conta chi ti mette al mondo," mi disse "ma chi ti dà tanto amore, proprio come lui."
E quando le chiesi chi fosse il mio vero padre, mi rispose con voce ferma e sicura: "Claudio Villa".

CAPITOLO 8
LA REAZIONE DI BAMBINA

Per tutto il viaggio restai in silenzio, con la sensazione di aver sentito qualcosa che già conoscevo. Si stava presentando davanti a me una strada in salita e le domande che facevo a me stessa erano quelle che possono nascere in un bambino messo di fronte ad una verità inaspettata, molto più grande di lui.
Papà non era papà, Chicca non era mia sorella, nonna non era mia nonna...
La permanenza in collegio non fu facile. Più passava il tempo e più mi sentivo estranea alla mia famiglia, alla mia famiglia di sempre. Cominciai ad evitare lo specchio perché scoprivo giorno per giorno tratti somatici non più familiari. Non sopportavo la mia immagine riflessa e iniziai a darmi della stupida, insultandomi con smorfie di disprezzo. Mi deridevo e mi umiliavo. Ben presto smisi di giocare con le amiche.
Inutile dire che ero sempre io ad incassare i colpi.
La notte piangevo in silenzio e non mi davo pace. Mi chiedevo come possa un padre rifiutare i suoi stessi figli e avevo paura di affrontare la mia famiglia, che vedevo ormai con occhi diversi.
Infatti, quando alla fine dell'estate tornai a Roma iniziarono i guai.
Rientrai a casa con gli occhi bassi. E così li tenevo sempre, per il timore di essere giudicata, proprio come facevano le mie amiche dell'istituto. Sentivo addosso un marchio.
Quella rivelazione mi aveva messo di fronte alla vita intima di mia madre, costringendomi per la prima volta a guardarla come donna, non come mamma. Immaginarla accanto a un uomo che non era papà Elio e scoprire che "l'altro" era in realtà il mio vero padre...
Ero stordita e confusa.
Data la mia tenera età non sapevo nulla sui rapporti uomo-donna e sul mistero di come si viene al mondo. Fui costretta

a cercare da sola le risposte ai miei interrogativi, ma da queste ricerche capii soltanto che quella era una delle mille domande che avrei voluto e dovuto fare a mia madre.
Come affrontarla? Come chiederle dove si erano conosciuti, quante volte lo aveva incontrato, se erano stati innamorati, perché era finita, perché non me ne aveva mai parlato?
La mia posizione non era semplice.
Sono cresciuta in una famiglia tradizionale, siciliana, con delle regole precise da rispettare, e tra queste una fondamentale, ovvero che la mamma è intoccabile. Per questo motivo il suo ruolo m'incuteva una soggezione tale da non permettermi di chiederle nulla.
Certe cose si dicono a un'amica non a una mamma, né tanto meno a un fratello. Forse con una sorella sarebbe stato più semplice, ma Chicca all'epoca era troppo piccola per potermi aiutare e, poi, ormai non riuscivo più a vederla come una sorella. Mi ritrovai sola, e infinitamente triste.
Dal canto suo, mia madre viveva un altro tipo di travaglio interiore. Oggi so cosa si chiedeva. Non voleva sconvolgermi, non voleva rovinare il mio bellissimo rapporto con Elio. Capiva che ero troppo piccola per comprendere la situazione e affrontare la realtà degli adulti.
Dall'altro lato non si sentiva in diritto di ricominciare a parlarne con Elio, facendogli sicuramente del male, proprio a lui che ci era stato sempre accanto, sostenendoci negli affetti e nella vita di tutti i giorni. Non voleva far soffrire nessuno più di quanto non avesse sofferto lei fino a quel giorno.
Non ne parlammo, rimanendo ognuna sola con i propri pensieri.
Attimo per attimo, il silenzio "riparatore" ci portò ad allontanare quella storia fino quasi a dimenticarla... ma fu solo un'apparenza.

CAPITOLO 9
"VOGLIO CONOSCERLO"

In me covava la curiosità.
Decisi definitivamente che Elio non era più "papà" e con lui tutta la sua famiglia smetteva di appartenermi.
Avevo anche la sensazione che nessuno potesse capire il mio stato d'animo e il silenzio adoperato da parte dei miei per paura di ferirmi dentro di me si era trasformato nella sensazione ricorrente che a nessuno interessava quello che stavo provando.
Mi convinsi inoltre che Chicca, anche se piccola, fosse a conoscenza di tutto quello che stava accadendo (ma povero amore mio, non era così). La conseguenza fu che ogni volta che si litigava tra sorelle anche solo per una caramella, io pensavo che tutte le sue parole, tutti i suoi gesti fossero dettati dal fatto che io non le appartenevo.
Si scatenò così una serie di reazioni a catena che compromise definitivamente la serenità familiare. Tutti ce l'avevamo con tutti.
In realtà, negli anni, la persona che soffrì veramente e forse più degli altri fu proprio mia sorella, la più piccola e la più innocente. Agli occhi di parenti e amici Chicca era considerata l'unica tra noi ad avere un padre e quindi non doveva avere bisogno di altro. Papà di fatto dedicava più tempo a me che a lei, facendo l'impossibile per recuperare quel rapporto ormai pieno di incomprensioni. E così, ahimé, proprio lei si sentiva trascurata.
Subentravano di conseguenza mia madre e mio fratello, per tentare di tamponare la situazione. Ma era come se parlassimo tutti lingue diverse.
Ogni tentativo per ricostruire il mosaico della nostra famiglia si rivelò inutile. Io non volevo sentire neppure l'odore di "padri e famiglie" e tutto questo determinò la fine dei nostri rapporti.
Mamma rimaneva a sostenere le accuse celate dagli atteggiamenti e dagli sguardi di ognuno di noi. E se usciva una

parola da parte mia non era per risolvere, ma per distruggere quel poco di amore che sembrava a tutti i costi non voler affondare.
Tuttavia, di fronte a situazioni di normale vita familiare, come un Natale o un compleanno da passare tutti riuniti, il silenzio da un lato mi chiudeva la bocca e mi imponeva di guardare tutti in cagnesco, dall'altro mi provocava un atroce senso di colpa.
Ripensavo alle parole di mia zia: "Papà è chi ti cresce e ti ama, non chi ti mette al mondo..."
La solitudine divenne la mia migliore amica e carta e penna furono l'unico mezzo in cui potevo parlare di mio padre, il mio vero padre, senza avere il timore del giudizio degli altri.
Così imparai a fare i conti prima di tutto con me stessa.
Non potendo aggrapparmi alla famiglia, cercavo tra i coetanei gli affetti che credevo aver perso. Arrivai a frequentare persone non troppo raccomandabili rischiando anche di mettermi nei guai, e nel tentativo di colmare il vuoto che sentivo dentro di me, mi legavo sentimentalmente a ragazzi che potevano assomigliare per qualche verso al mio vero padre, per scoprire poi come a tutto pensavano tranne che all'affetto o ai miei problemi.
Quella vita non mi apparteneva e la mia insoddisfazione diventava ogni giorno più insostenibile.
Così una mattina, con l'impulsività che mi contraddistingue, affrontai mia madre.
"Voglio conoscerlo!"
Non se lo fece ripetere due volte.

CAPITOLO 10

PADRE E FIGLIA

Quell'uomo così piccolo ma robusto, dalla voce angelica ma potente, con quegli occhi raggianti e dall'aria così sicura, in realtà troppo fragile... A me non fece mai paura, non so!
Arrivò quel fatidico giorno.
Insieme a mio fratello Claudio e a mia madre ci recammo a Radio Lazio, un'emittente radiofonica da dove la domenica mattina mio padre parlava con il pubblico di politica e altro.
Entrai in una stanza adiacente alla sua quasi in punta di piedi, ascoltavo la sua voce vibrare nell'aria.
Solamente una lastra di vetro ci divideva e fu proprio da lì che i nostri sguardi si incrociarono per la prima volta.
Lì, pronunciata quasi per caso, sentii una frase che non avrei mai dimenticato.
"Perché abbandonate cani e gatti durante le vostre vacanze? Lo dovrebbero fare con voi!"
Per la prima volta ebbi la sensazione di valere molto meno di un animale e provai un forte disgusto.
La curiosità però era più forte di qualunque altro sentimento e, quasi indifferente alle sensazioni provate un attimo prima, mi affacciai insolente da quella vetrata.
Si accorse di me. Senza sapere chi fossi, o almeno credo, mi guardò intensamente e mi fece segno con la mano di aspettare.
Ero euforica e riferii subito a mia madre e a mio fratello quello che era appena successo.
Alla fine della trasmissione era atteso dagli ammiratori e da alcuni amici, ma appena uscito dalla sala di registrazione venne con passo deciso verso di noi.
Con emozione evidente disse a mia madre: "Ciao Noemi, come stai?"
Io intanto gli guardavo le mani, confrontandole con le mie.
"Bene, siamo venuti a trovarti Claudio, Manuela ed io. Sai, Manuela voleva conoscerti e allora..."

I miei occhi salivano sul suo volto soffermandosi tra le pieghe della bocca, quasi per strappargli la frase che da tempo desideravo sentire.
"Hai fatto bene a venire, come siete grandi, bravi!"
Più tardi venni a sapere che mio fratello lo aveva frequentato nei primi anni della sua vita e che per loro non si trattava del primo incontro, anzi! Claudio da bambino lo aveva chiamato sempre papà e questo era il motivo per cui non aveva mai chiamato Elio allo stesso modo.
In un momento, si stavano spalancando tutte le finestre che intrappolavano i miei perché.
Lo guardavo negli occhi, per cercare un sentimento del quale la sua fronte un po' sudata mi diede conferma.
Sempre più emozionato cominciò a domandarci di cosa ci occupassimo. Mio fratello disse che aveva una sua band e che volevano incidere un disco, mentre io gli spiegai che desideravo diventare una pianista, che stavo studiando il pianoforte e che avrei dovuto fare di lì a poco un esame al conservatorio.
Fu orgoglioso delle nostre dichiarazioni e ci consigliò per il meglio. A Claudio disse che lo avrebbe messo in condizione di incidere un disco presso la Fonit Cetra con la sua band, a me diede i consigli più giusti in quel momento: studiare tanto, poiché la strada che volevo intraprendere era molto difficile e dovevo essere più che preparata. Io lo sapevo, ma fui comunque incoraggiata dalle sue parole e dalla sua premura.
Quel giorno ci disse che potevamo chiamarlo a casa sua ogni qualvolta lo avessimo desiderato e che in ogni momento saremmo potuti andarlo a trovare: era felice di vederci e di sapere che tutto procedeva per il meglio.
Mentre parlava con noi, si preparava per andare via, ma il suo atteggiamento ci spingeva a intrattenerci. Ero fiera di lui e del suo interessamento paterno nei nostri confronti.

Ricordo che ci salutammo per strada mentre tentava di accendere la moto, che quella mattina non voleva saperne di partire. Lui non era alto e in confronto la moto sembrava gigantesca; per tenerla in equilibrio doveva stare quasi in punta di piedi.
Ai miei occhi, però, appariva grande e bello. Sentivo forte la sua e la nostra emozione.
Dopo svariati tentativi riuscì ad allontanarsi con il suo bolide su due ruote, lasciandoci per la prima volta con un sorriso di speranza sulle labbra.
A quelle domeniche ne seguirono molte altre. Aspettavo tutta la settimana solo per avere quelle poche ore a disposizione, anche se la maggior parte delle volte non erano che minuti.
C'era sempre tanta gente attorno a lui, che il dialogo diveniva quasi impossibile. Rilasciava autografi, interviste, accontentava il suo pubblico per poi tornare da noi che guardavamo curiosi, ridonandoci l'allegria con qualche battuta.
Cercavo di penetrare i suoi sguardi per ritrovare me stessa anche solo un millesimo di secondo, ma la parola, la sua, quella di un uomo pieno di esperienza, mi distraeva e mi faceva anche un po' arrabbiare. Ci parlava di amici, conoscenti, di torti subiti.
Osservavo scrupolosamente come si fosse vestito rispetto alla volta precedente e mi divertivo con mio fratello Claudio a prenderlo un po' in giro. Una volta che aveva dimenticato il nome della sua band, mio fratello gli diede una pacchetta sulla spalla, rassicurandolo con ironia: "Sai, a una certa età...!"
Scherzare con lui non solo ci fece diventare complici per la prima volta, ma divenne una sorta di atto liberatorio che in qualche modo ci aiutò ad esorcizzare il mito. Claudio Villa era nostro padre e nient'altro.

CAPITOLO 11

DIVISA TRA DUE PADRI

Per almeno un anno ho vissuto per questo, e mi bastava.
Mentre tentavo di gettare le fondamenta per costruire quel nuovo rapporto, in casa vedevo lentamente logorarsi quello con papà Elio. Se con mia madre ero riuscita a rompere il silenzio, con papà non volevo avere più niente a che fare. Mettevo in discussione i miei stessi sentimenti senza curarmi di ferirlo.
A ogni suo rimprovero reagivo aggressivamente e spesso non solo a parole. Il rapporto era talmente teso che mia madre era costretta a intervenire in mia difesa, consapevole del momento difficile che stavo attraversando.
Mi costa fatica raccontare di quel giorno in cui reagii a un suo semplice rimprovero facendo il gesto di alzargli le mani contro. Intervennero tutti, mia madre, mio fratello, mia sorella... Il viso di papà era distrutto.
Oggi mi vergogno e chiedo scusa. Con quella reazione estrema ero veramente arrivata al capolinea, non riuscivo più a controllarmi. Tutto quello che riuscivo ad esternare era rancore incondizionato e la serenità nella mia casa divenne presto un ricordo.
Trascorrevo le mie giornate aspettando la domenica, nell'attesa di incontrare mio padre. Ma anche da lui cercavo qualcosa in più di quello che mi dava.
Una volta, incontrandolo come al solito alla radio, lo provocai con parole pesanti e gli sbattei la porta in faccia. Speravo in una sua risposta, in un cenno, una smorfia che mi facesse arrabbiare, volevo l'occasione giusta per dirgliene quattro... Niente da fare.
Si girava un po' scocciato e se ne andava via di fretta, forse per non farsi vedere da nessuno, lasciando me come un cimelio in un museo di anticaglie e a mio fratello il compito di portarmi via.
Altre volte il suo affetto era più tangibile. Un giorno lo raggiunsi da sola in autobus e lui, dopo la trasmissione, si offrì

di accompagnarmi con la macchina di un suo amico. Mi feci lasciare davanti all'entrata di San Pancrazio, la mia parrocchia, e ricordo che rimase male per il fatto che frequentassi preti e suore.
"Ma che tu' madre te fa frequenta' monache e preti?" mi chiese con il suo fare sbrigativo.
Gli risposi mentendo, per non rischiare di deluderlo: "Vengo qui solamente per pattinare..."
Di fatto andavo a messa tutte le domeniche, leggevo le letture, cantavo con il coro, e il suono di quel grande organo a canne che smuoveva gli animi mi faceva rabbrividire. Quando uscivo dalla chiesa mi accompagnava sempre un grande senso di serenità.
Ma quel giorno non mi importava di dirgli la verità. Quel giorno ero felice, perché lo sentivo vicino e interessato. Non vedevo l'ora di raccontare a mia madre quel tenero comportamento. Avevo conquistato il mondo.
Nonostante episodi come questo, il nostro rapporto non era affatto pacifico e mio fratello, sfinito dai ripetuti tira e molla cui eravamo costretti per essere considerati dei figli "normali", si rifiutò sempre più spesso di accompagnarmi. Come dargli torto!
Così, con un sentimento sempre più carico di entusiasmo misto a rabbia, percorrevo anche da sola, in motorino, quella solita strada che mi portava da lui.
"Io non ci sto!" ripetevo, continuando imperterrita quella scalata alle umiliazioni.
Fu in quel periodo che ricevetti da lui un graditissimo regalo, peccato che sarebbe stato una sorta di regalo d'addio.
Vedendomi arrivare a Radio Lazio senza casco, mi disse con aria seria e preoccupata: "Manuela, ma che vai senza casco? Sei pazza!"
Dimenticai in un attimo soltanto le spiacevoli scenate delle domeniche precedenti.

Mi ricordò di come il casco fosse importante soprattutto in città, perché in autostrada, data l'elevata velocità, le probabilità di farsi veramente male sono altissime anche indossandolo.
"In città se metti il casco è sicuro che ti puoi salvare. Se non ce l'hai te lo regalo io! Di che colore lo vuoi?"
Ero incredula e per paura di perdere quell'attimo gli dissi il primo colore che mi venne in mente.
"Rosso!"
"Vieni domenica prossima e avrai il tuo casco rosso."
Tornai di nuovo a casa, non mi sembrava vero ricevere di sua spontanea volontà un regalo. Quell'oggetto per me rappresentava tutto, rappresentava mio padre.
Contai i giorni, le ore, i minuti che ci separavano e finalmente arrivò la domenica. Suonai al citofono della radio, ma non appena mi aprirono la porta mi dissero che non c'era. Aveva però lasciato qualcosa per me. Era una scatola, la aprii, dentro c'era il mio casco rosso. La misura era perfetta, ma non ero più felice.
Era lui quello che veramente volevo, era lui che mi mancava dentro la mia testa, dentro il mio cuore, tra le mie braccia, era lui che volevo trovare quel giorno.
Cercai di non far trasparire la mia delusione e chiesi quasi con indifferenza quando avrei potuto rivederlo. Mi dissero che non sapevano, perché era partito per una nuova tournée.
Me ne andai triste, ma quel regalo mi faceva sentire vicina a lui come non mai. Quando lo indossavo gli amici mi prendevano in giro: non era di moda portare il casco con un motorino cinquanta di cilindrata. Ma io avevo la sensazione di portare su quel "cinquantino" anche mio padre e con lui girare per la città.

CAPITOLO 12

"IL SIGNOR CLAUDIO NON C'È"

Per settimane bussai ancora a quella porta, ma non lo incontrai più.
Mi ricordai allora che era stato mio padre stesso a dirmi di chiamarlo anche a casa se solo avessi avuto bisogno e così feci.
Risposе una donna, che non appena udì il mio nome disse con aria scocciata: "Il signor Claudio non c'è."
Solo una splendida persona ormai di famiglia che viveva con loro da tantissimi anni, e che tra l'altro conosceva bene anche mia madre, quel giorno mi aiutò. Mi riferì affettuosamente dove potevo rintracciarlo e mi fece capire con rammarico che le mie telefonate non erano gradite al resto della famiglia. Ma il resto della famiglia – che poi si riduceva ad una sola persona, la moglie – per me non era importante.
Mi interessava solo lui, ed ero forte dell'entusiasmo con cui mi aveva detto "chiama tranquillamente anche a casa, tanto non c'è problema".
Tuttavia sentii ripetere la stessa frase un'infinità di volte: "Il signor Claudio non c'è."
Ebbi l'impressione che il suo volerci evitare non dipendesse esattamente dai suoi sentimenti, ma da qualcosa che avrei compreso solo più tardi.
Come spiegare a una giovane ragazza diventata sua moglie che esistevano due figli dimenticati, e come giustificare questo suo disinteresse al mondo intero, che lo aveva sempre guardato come un uomo dai sani principi, che cantava l'amore romantico e venerava sua madre?
Come rivelare a una giovane moglie che proprio suo padre, giardiniere tutto fare di casa Villa, era stato uno dei primi ad essere a conoscenza della nostra esistenza? Quell'uomo era stato testimone oculare di alcuni degli incontri tra i miei genitori, con mio fratello Claudio, proprio in quella casa. Gli aveva preparato perfino un panino col prosciutto!

Questo suo negarsi era decisamente in contrasto con il calore con cui ci aveva accolto e con tutto quello che ci aveva detto. Ebbi la sensazione di avere davanti un uomo combattuto, un uomo che non aveva la libertà di seguire il proprio cuore, con troppe spiegazioni da dare sia in casa che al suo pubblico.

Del resto non poteva contare né sull'aiuto di sua madre Ulpia, che lo seguiva dappertutto più per sostituirsi a lui nelle decisioni che per sostenerlo, né su quello di suo padre Pietro che, contro tutto e tutti, cercava amorevolmente di aiutare noi.

Nonno Pietro era claudicante, eppure veniva sempre in nostro aiuto portando con difficoltà estrema le buste della spesa piene di biscotti e generi di prima necessità. Ripeteva sempre a mia madre: "Noemi, devo morire io... fin quando ci sarò io non ti devi preoccupare di niente!"

Fondamentale per mio padre era poi la presenza di due creature venute al mondo dal secondo matrimonio e la sua responsabilità nei loro riguardi.

Aveva acquisito troppo tardi la consapevolezza di essere padre.

Non potendo più vederlo né conoscerlo come avrei voluto, cominciai a leggere tutto quello che la stampa scriveva su di lui: le interviste, le sue dichiarazioni, quelle dei suoi amici e nemici.

Incontrai anche alcuni di loro. Una frase ricorreva tra coloro che lo conoscevano meglio. Dicevano: "È vero, ha fatto tutto questo, ma oggi, nonostante sia sposato, non è certo un uomo felice."

E lo spirito di queste parole non era lontano da quello che aveva sempre detto a mia madre: "Noemi, ho le mani legate. Nel tuo secchio ci sono anche le mie lacrime... Se sono tranquillo è perché so in che mani ho lasciato i miei figli. Un giorno sistemerò tutto..."

La voglia di avere mio padre tutto per me mi portava a volere a tutti costi ascoltare ogni supposizione fatta nei riguardi della sua nuova famiglia, anche le voci di corridoio. Mi aggrappavo ostinatamente a tutto quello che altri raccontavano, dando un peso ancora maggiore ai racconti di chi gli stava accanto e soprattutto degli amici.

Avevo la sensazione che il rapporto tra mio padre e la sua moglie bambina non fosse proprio "due cuori e una capanna" ma che altri interessi avessero incoraggiato questa unione. La madre di lei era un'aspirante cantante e il padre da giardiniere tutto fare divenne subito, come per incanto, "u managèr" personale del grande Claudio Villa.

Tutte queste domande mi tartassavano il cervello.

Un giorno mi sentii presa in giro a tal punto che telefonai a casa sua.

La solita voce contrariata, la solita frase: "Il signor Claudio non c'è."

Ma quelle parole non uscivano dalla bocca di mio padre, e io volevo un confronto diretto, volevo provocarlo, volevo smuovere quell'uomo immobilizzato da una situazione insostenibile.

Così, guidata dalle mie ragioni, dall'istinto e dall'incoscienza di quell'età, risposi: "Dica allora al signor Claudio che preparasse il suo avvocato perché gli faccio causa."

Cosa volesse dire quella frase non lo sapevo, ma erano parole più grandi di me e pensai di incutere paura. Chiusi il telefono e piansi.

CAPITOLO 13

LE VIE LEGALI. IL BUIO

Mi sentivo persa.
La confusione regnava dentro e fuori di me. Lo odiavo e lo amavo, quell'uomo che aveva il mio stesso sangue.
Non volevo più stare con nessuno, detestavo la mia ombra, le mie parole, i miei pensieri, detestavo la mia faccia, i miei occhi, il mio corpo così paradossalmente uguale al suo.
Avrei voluto massacrarmi di botte pur di non essere così somigliante a lui, fino a cambiarmi i connotati.
Iniziò un periodo buio. Ero così piccola, appena diciassettenne, con problemi giganteschi: tribunali, avvocati, paroloni che mi sono incomprensibili ancora oggi, giornali, conoscenti indelicati, occhi indiscreti.
Mi isolai.
Chiusi il pianoforte e lì dentro tutto quello che rappresentava mio padre. Lasciai gli studi.
Mi domandavo chi mai tra i miei coetanei avrebbe potuto ascoltarmi e soprattutto credermi! Non riuscivo neanche a parlare con mio fratello di noi, poiché entrambi avevamo sbarrato a tutto il mondo le porte dei nostri sentimenti.
Gli anni più belli, quelli dell'adolescenza, furono tempestati di carte bollate e di silenzi amari.
Non volevo più andare a scuola, soprattutto da quando, e capitò più di una volta, sorpresi alcuni cari compagni di classe che invece di studiare storia antica si documentavano su quella moderna, la mia. I loro libri preferiti per quella materia erano i giornali con le nostre facce a colori.
Più di una volta al mio arrivo in classe li avevo colti mentre nascondevano sotto il banco il settimanale di turno, sperando che non mi accorgessi di nulla. Ma gli occhi in queste circostanze vanno sempre dove non dovrebbero andare. Non mi spiegavo per quale bieco motivo questa situazione facesse tanto ridere gli ebeti della mia classe. Non li sopportavo.

Il risultato fu la mia totale assenza ed estraneità alle lezioni, con un rendimento scolastico in totale declino. Note disciplinari, brutti voti e chi più ne ha più ne metta.
Tutto quello che mi stava accadendo, che mi stavano facendo, quello che ero costretta a subire, un'onta che non sentivo mia, ma che mi avevano regalato gratuitamente e con il resto... Tutto questo non era giusto, perché? Cosa avevo fatto per meritarmi un trattamento simile?
Chiaramente i professori erano ignari di tutto, come troppo spesso accade nella scuola di sempre, e proseguivano le lezioni ripetendo meccanicamente le stesse identiche frasi riportate sui libri di testo, soddisfatti di sé, tranquilli di aver insegnato per l'unico fatto di aver rispettato un programma.
Ma insegnato cosa? Non ricordo niente di quello che i professori mi hanno spiegato, se mai l'hanno fatto. Di certo non mi aiutarono a capire la vita!
Desideravo farla finita.

CAPITOLO 14

1983. LA PROVA DEL DNA

Era il 1983 quando iniziò la cosiddetta causa preliminare per il riconoscimento di paternità, attraverso la quale mio fratello Claudio ed io, che ero ancora minorenne, chiedevamo di essere riconosciuti legalmente figli di Claudio Pica, in arte Claudio Villa.
Furono eseguiti successivamente degli esami peritali, corrispondenti al test del DNA dei nostri giorni, che risultarono positivi per entrambi.
Al momento del prelievo eravamo tutti presenti: mio padre, mia madre, mio fratello ed io. Lo ricordo perfettamente. Lui venne accompagnato dalla moglie, forse per dare l'impressione di non avere niente da nascondere. Mi fece tanta tenerezza, con quei jeans e quelle simpatiche bretelle che lo rendevano ancora più piccolo e indifeso (o almeno così sembrava).
Soffrimmo molto, ma sono convinta che anche per lui fu lo stesso.
La moglie indossava una minigonna di pelle nera, aderente, stretta quanto la stessa situazione in cui si trovava. Ma la sua vanità le faceva assumere malgrado la giovane età l'atteggiamento classico di chi vive di luce riflessa.
Il suo atteggiarsi, seduta in poltrona, con aria di sufficienza e un ghigno superbo, sembrava un modo per ribadire a noi tre che lei era la moglie e noi... il nulla. Ma diventò lei una nullità di fronte agli occhi sempre bassi di nostro padre, che aveva un'aria rassegnata e combattuta.
Chi lo avrebbe mai immaginato? Era forse per la presenza di lei? Comprensibile, chissà a quante domande avrà dovuto rispondere, e quante inutili invenzioni per calmare le acque... Ci trovavamo tutti davanti a una spudorata verità: Claudio e Manuela.
Ce ne andammo dopo aver riempito del nostro sangue alcune provette. Io ci avrei lasciato anche la testa per dimostrare al mondo che ero sua figlia.
Quella fu l'ultima volta che respirai la sua stessa aria.

All'epoca mio fratello studiava come analista chimico, e temeva che qualcuno potesse manomettere le provette, ma la dottoressa Purpura ci assicurò che con lei questo non sarebbe mai potuto accadere.
Sul volto di Claudio e su quello di mia madre vidi la sofferenza e il dolore più profondo. Io provai rabbia. Ricordavo i sorrisi di mio padre dettati dal cuore, la sua emozione nel vederci e quando ci salutava per andare via con la moto. Emozione che quel giorno non riuscii a trovare.
Solo allora mi resi conto di quanto potesse essere fragile, e di quanto questa fragilità lo avesse rovinato.
Fu immensa la delusione nello scoprire i suoi difetti e le sue debolezze. L'immagine del padre invincibile si era sgretolata.
Quello che tutti vedevano come un uomo forte, rompiscatole e invadente, io lo avevo scoperto. Era debole. Era un uomo, non Dio. Mi faceva rabbia e tenerezza.
Il suo sguardo indeciso aveva preso il posto dei sorrisi che mi aveva regalato in passato. Era diventato un incubo di cui facevo parte. E l'istinto di protezione che una figlia dichiaratamente prova verso il proprio padre vedendolo in difficoltà si era fatto avanti aumentando in me un desiderio ancora più grande di dimostrargli tutto l'amore che provavo e, perché no, anche di proteggerlo da quell'assurdo imbarazzo.
Mi resi conto molto presto che il mio era stato più un gesto di rabbia che altro, perché in realtà non avevo alcuna intenzione di ricorrere alle vie legali.
Volevo il suo affetto, l'amore. Volevo cantasse anche per me. Sognavo di uscire e di andare a mangiare la pizza con lui o che mi venisse ad applaudire durante le gare di pattinaggio o ai saggi di pianoforte di fine anno. Abbracciarlo e confidargli i segreti, le paure, il primo amore. Avrei accettato qualunque rimprovero, magari l'avesse fatto, sarebbe stato per me un'eterna carezza.

Volevo fosse un padre modello, proprio come lo vedevo con le altre figlie. Osservando le fotografie scoprii un'enorme somiglianza tra me e loro, e a volte era talmente forte il desiderio di stare tra le sue braccia che immaginavo di essere al loro posto. Poi mi rendevo conto che ero fuori da quella pagina di giornale e mi sentivo morire. Nonostante questo non ho mai provato un sentimento di gelosia, ero felice per loro quanto non potevo esserlo per me.
Mi aggrappavo ai ricordi. Le sue dichiarazioni piene di contraddizioni mi si presentavano come un attore quando si apre il sipario.
"Perché, perché? Anche io sono tua!"
Le nottate le consumavo senza sapere più dove andarmi a rifugiare. Vivevo per condividere in silenzio tutti i suoi successi e tutte le sue sconfitte, odiandolo e amandolo sempre di più.

CAPITOLO 15
LA FUGA E IL RITORNO

Avevo diciassette anni e credevo come tutti i ragazzi di quell'età che divenire maggiorenne mi avrebbe dato l'opportunità di agire senza più dover chiedere permessi.
Il 7 febbraio 1984 arrivarono i miei tanto attesi diciotto anni e la reazione fu quella, quindici giorni dopo, di lasciare la scuola, i miei pattini e il pianoforte suonato ormai solo dalle tarme. Andai via.
Invece di entrare in classe, una mattina presi il primo treno per la Sicilia, terra testimone di storie tristi, ma tanto ricche di vita e per me una sorta di punto di riferimento.
Stetti due giorni e due notti fuori casa senza sapere cosa fare.
In quel periodo avevo un fidanzato proprio a Catania, una persona a me molto cara. Spiegò a sua madre quello che mi era accaduto e come una figlia fui ospitata nella loro casa.
Un solo pensiero mi addolorava. Avevo sempre davanti l'immagine di mia madre disperata, distrutta a causa mia. Non lo potevo sopportare.
Decisi di telefonare alla zia suora, che con pazienza mi convinse a raggiungerla in istituto.
Insieme chiamammo mia madre. Per telefono fu molto determinata, ma soffrì tremendamente per tutto il tempo che io rimasi fuori casa, e questo sia per la mia fuga improvvisa e sia per le dure motivazioni che mi avevano spinto a scappare.
Passai quattro mesi chiusa in istituto, mangiando panini ogni secondo, come se potessero colmare quel vuoto che mi provocava un dolore così grande. Ogni tanto vedevo il mio fidanzato e condividevo con lui iris al cioccolato, arancini e paure. Il vuoto non si colmò, ma in compenso diventai una tenera e burrosa cicciona.
Le cose, nonostante tutto, sembravano non cambiare mai.
Ma un giorno, un giorno bellissimo, ricevetti una lettera meravigliosa che mi scrisse papà, quell'uomo straordinario che mamma aveva sposato, che mi aveva cresciuta e che soffriva quanto me per quella spiacevole situazione.

Appena vidi il suo nome sulla busta provai timore. Pensavo ad un rimprovero e le mani mi tremavano. O pensai che fosse un addio, perché mi ero comportata così, facendo soffrire mia madre e tutti loro.
Ma la voglia di aprire la lettera era forte a tal punto che non feci caso neanche al verso della busta. Eccola aperta, distesi i fogli tra le mie mani.
Già dal primo rigo capii il tono delle sue parole. C'era tutta la preoccupazione di un padre nei confronti di una figlia e questo mi fece sentire di nuovo a casa, finalmente compresa.
Ma dovevo arrivare in fondo, temevo che il tono potesse cambiare. Più andavo avanti, più scendevano sul mio viso lacrime di gioia e commozione, come volessero accarezzare quelle parole.
Elio mi chiedeva dove avesse sbagliato, se aveva fatto qualcosa di cui non si era reso conto, mi ricordò che ero ancora in tempo per riprendere gli studi e che, se avessi voluto, sarebbe venuto a prendermi anche subito.
L'idea di riavvicinarmi ai miei mi piacque davvero, ma il ritorno a scuola non era una cosa che in fondo desideravo. Avevo solo bisogno di stare con i miei genitori e riprendermi tutto quello che io stessa avevo incomprensibilmente abbandonato.
Non fu semplice comunicare visti gli argomenti che dovevamo affrontare, ma la voglia di continuare a volerci bene fu tanta che ci riuscimmo.
Capii che era giunto il momento di riprendere la mia strada dove l'avevo lasciata. Per quanto lontano si vada, non si può fuggire da se stessi.
Ed ecco, una sera, suonarono al convento. Mamma e papà erano venuti a prendermi.
Li abbracciai, e per un attimo mi sembrò di tornare all'età di sei anni, quando si scrivono quelle letterine per la festa del

papà e della mamma: "Ti voglio bene e prometto di non farti più arrabbiare..."
Mi sentivo piccola, volevo tornare ad esserlo e quel forte abbraccio aveva il sapore della mia spensierata fanciullezza.
Ritornai a scuola con l'idea di rispettarmi e di farmi rispettare da quei simpaticissimi compagni di classe. Nessuno ha il diritto di riderti in faccia se non lo inviti a farlo insieme a te. Non fu facile ma ne uscii vincente.
L'unica cosa che non riuscii a fare fu di riaprire il mio pianoforte. In compenso la mia natura artistica mi portò ad esprimermi attraverso il canto. Pian piano scoprii le caratteristiche della mia voce, che del resto si rivelarono familiari.
Tutto sembrava tornato tranquillo. Ma purtroppo era ancora apparenza.
Una parte di me conduceva la vita di una normale adolescente, amici, feste, scuola. L'altra parte cercava di impegnarsi in tutto quello che potesse farmi sentire più vicina a mio padre. Era il mio inconscio.

CAPITOLO 16

INIZIO A CANTARE

Fu quasi per caso che incominciai a cantare sul serio. Un giorno comprai un giornale locale pieno di inserzioni di ogni tipo e trovai tra le richieste una band che cercava una cantante adatta a ogni genere musicale. Telefonai e presi un appuntamento per farmi ascoltare.
Conobbi così un'orchestrina con la quale iniziai l'avventura delle esibizioni pubbliche. Con loro, senza un filo di esperienza in merito, affrontai la mia prima serata di piazza, anzi "di fango", visto che il palchetto di legno si trovava in una distesa piena di buche stracolme di acqua piovana, con le pecore che avevano appena lasciato il posto (e anche qualche cosa d'altro!) a noi "artisti" desiderosi di esibirci. Chiaramente, tutto questo gratis.
In quelle condizioni, tre ore interminabili di canzoni in nome dell'arte. Io però ero felice, perché riuscivo a sfogarmi urlando a squarciagola.
Sono certa che almeno qualcuno si sarà chiesto: "Ma perché urla tanto questa?"
A me non importava. Quel mondo mi affascinava e mi coinvolgeva sempre di più. Sentivo di fare la cosa giusta per me ed era una sfida continua.
Una volta mi fu chiesto addirittura di ballare, perché la ballerina all'ultimo momento non si era presentata. Io non avevo studiato danza, ma l'esperienza acquisita con i pattini, i saggi di fine corso, le esibizioni, le gare mi avevano dato una certa agilità nel movimento.
Speravo di dover condensare tutti gli allenamenti fatti negli anni passati in pochi minuti, ma quei minuti non finivano mai. Per prendere tempo e far durare di più il mio numero, il capo orchestra scelse infatti come base musicale il *Bolero* di Ravel, che durava un'eternità.
Ballavo, saltavo, figure, trottole. Ballavo, saltavo, figure e ancora trottole, improvvisando attimo per attimo su pochi metri quadri di palco.

L'applauso ci fu, ma l'emozione e la fatica furono tali che finita l'esibizione dovetti correre velocissima dietro il primo cespuglio che si trovava nei pressi. Mi piegai in due e tirai fuori l'anima e la bile.
Nel frattempo mio fratello Claudio continuava a suonare con la sua band e avendo molta più esperienza nel campo, mi consigliò di iniziare a farmi rispettare. Secondo lui si trattava di vero sfruttamento, visto che non mi veniva dato neanche un rimborso spese.
Sentendomi protetta da lui, dopo circa un anno di lavoro svolto "per la gloria", chiesi al capogruppo di essere retribuita almeno per qualche serata particolare.
Di lì a poco avrei cantato a un veglione di Capodanno e centomila lire mi sembravano una richiesta appropriata.
"Ma chi te credi d'esse' Mina?" fu la risposta. "Manco Mina le prende centomila lire!"
La mia faccia, la lascio immaginare. Gli dissi "Non fa niente", ma non me ne andai.
Per quel veglione cantai dalle otto di sera fino alle sei del mattino, con la promessa di una cena (visto che non c'erano soldi), che si rivelò essere un panino col prosciutto crudo, un po' d'acqua e un caffé caldo. Festoni e trombette non erano compresi.
Esausta, arrivai a casa che era già mattina, ma con la decisione presa di lasciare quel personaggio che si spacciava per grande trombettista e con lui tutta "l'orchestra".
E meno male che non sapeva niente del mio legame con Villa, altrimenti mi avrebbe fatto cantare *Granada* mentre mi lanciavo in un salto mortale dal trapezio, con i pattini ai piedi e lo spartito sul naso! Meglio riderci su.
Anche alla luce di quelle esperienze, maturai la convinzione che dovevo al più presto migliorarmi. Non dovevo pretendere un applauso solo perché "figlia di", ma dovevo riceverlo spontaneo per le emozioni che riuscivo a trasmettere

al mio pubblico. Iniziai dunque a prendere lezioni di canto e seguii anche un corso di recitazione.
Ma potei farlo pochi mesi soltanto, perché puntualmente finivano i soldi.

CAPITOLO 17
PAGARE GLI AVVOCATI

Nel frattempo la causa preliminare proseguiva lenta. Per non gravare ulteriormente sulla famiglia, avendo sia l'esigenza di studiare, che quella di pagare gli onorari degli avvocati, iniziai a vendere le mie cose più preziose.
Pezzo per pezzo rinunciai al corredo che mia nonna materna e la zia suora avevano preparato per me e che custodivo gelosamente in un grande baule verde.
In seguito portai al Monte dei pegni le piccole gioie che mi erano state regalate per la prima comunione.
E così, in breve tempo, rimasi con il mio bel baule pieno di palline di naftalina e con delle pesanti scadenze da rispettare.
Trovai anche qualche lavoretto saltuario, come raccogliere fagiolini nelle campagne vicino casa, e questo impegno mi gratificava. Riuscivo anche a divertirmi, quando in mezzo alle piantine arrivava un gran getto d'acqua a dissetarle.
Io, nel frattempo, crescevo.
Orgogliosa e piena di speranza, continuavo la mia causa di riconoscimento, che faceva il suo corso superando un rinvio dopo l'altro.
Il baule si svuotò del tutto ed io, forte della verità, lo riempii di sogni senza perdermi mai d'animo.
In quel periodo iniziai a cantare insieme a mio fratello Claudio, ma non ero libera di interpretare quei brani. Quando si canta ci si mette a nudo e io non avevo confidato mai a mio fratello le mie emozioni più intime. Mi chiudevo e non potevo andare oltre.
Parlare d'amore mi creava imbarazzo e se dovevo cantarne mi barricavo dietro a un muro così impenetrabile che il mio viso e la mia anima ne prendevano le sembianze.
Non riuscivo a trasmettere emozioni calde, ma non avevo alcun problema di fronte a testi arrabbiati e aggressivi. Io ero arrabbiata e aggressiva, e non avevo bisogno di mascherarlo.

La mia rabbia usciva diretta e burrascosa come i miei acuti, che sembravano non terminare mai. E così trascorsero due anni.
Il 1986 era ormai alle porte.

CAPITOLO 18

UN PRESAGIO

In tutto questo periodo non ebbi mai occasione di rivedere mio padre. Comunicavo con lui attraverso piccoli battibecchi pubblicati sui giornali, e fu proprio grazie alla stampa che venni a sapere del suo grave stato di salute.
Feci finta di niente. Non volevo accettare l'idea di dover soffrire ancora a causa sua. Dentro, però, pativo come un cane che non può mordere né abbaiare, per una museruola impostagli contro la sua volontà.
Quando mio padre fu ricoverato, un progressivo senso di vuoto mi ricoprì lento e gelido come la neve.
Volevo andare da lui, ma non mi avrebbero mai fatto entrare e chissà cos'altro avrei dovuto sopportare...
L'apatia prese piede dentro di me giorno dopo giorno. Stavo talmente male che ebbi la convinzione di dover lasciare questo mondo da un momento all'altro. Pensavo di morire.
Fu in quei giorni che iniziai a scrivere tutte quelle sensazioni sul mio diario. La chiamano telepatia. Con chi? Con che cosa? Solo scrivendo fermavo il tempo su quei fogli.
Me ne andai per qualche giorno a Catania in occasione della festa di sant'Agata, patrona della città. Volevo rivedere quella splendida manifestazione che ricordavo da bambina, pensando fosse l'ultima occasione.
I miei amici catanesi mi portavano in giro per le vie della città per assistere al passaggio delle Candelore. Tremava la città. La folla gridava "Cittadini, evviva sant'Agata!" e io gridavo con lei.
Ma c'era qualcosa che non mi piaceva nell'aria, nella mia aria. Un tormento, una pacata insurrezione, un'angoscia insopprimibile mi stava pian piano togliendo le forze. Non riuscivo a godermi quella festa attesa da anni.
Era il cinque febbraio.
L'indomani, stanchi, i miei amici ed io andammo alla stazione. Il treno per Roma partiva presto. Li salutai.

“Se non ci dovessimo più vedere vi ringrazio per avermi fatto assistere nuovamente alla festa. Era da tempo che sentivo di farlo!”
Non capirono, e sinceramente neanche io.
Mi lasciai trascinare dagli eventi come quel treno, che senza fermate mi condusse nuovamente nella mia città.

CAPITOLO 19

LA NASCITA. LA MORTE

Era il 7 febbraio del 1987, il mio compleanno. Mi alzai presto ma non ero felice, ero anzi molto nervosa. Sul mio comodino trovai per caso un nastro inciso e senza etichetta, che non ricordavo di avere mai visto. Lo inserii nel registratore chiedendomi quali canzoni potesse contenere.
D'improvviso, la voce di un angelo: mio padre cantava *Buongiorno tristezza.*
Spensi subito, urtata da quel presagio, da quella sensazione negativa. Perché questa canzone proprio il giorno della mia festa? Possibile che venisse a rovinarmi la giornata come aveva fatto fino ad allora con la mia vita?
Uscii dalla mia camera più angosciata del solito.
La stessa sera dovevo cantare in un locale romano, dove ogni sabato mi esibivo con mio fratello. Essendo anche il mio compleanno avevo organizzato lì una festa in compagnia di buoni amici.
Passai a prendere Rosanna e Carla, le mie compagne predilette, per recarci insieme all'appuntamento, ma non ero serena.
Ricordo bene che durante il percorso chiesi loro di cantarmi gli auguri. Non ne sapevo il motivo, ma quel compleanno non riuscivo in alcun modo a sentirlo. L'auto si riempì di quelle note allegre, cantate con spirito. Che stupida!
Sentivo l'esigenza di sdrammatizzare per allontanare l'alone di negatività che stavo respirando già da parecchio tempo.
Ma ecco, davanti a noi, un camion che andava troppo in fretta. In un attimo schivai un cane, che travolto dalle molteplici ruote dell'automezzo si accasciava al suolo, mentre un rigagnolo di sangue lento e caldo colorava di rosso la strada. Non potemmo fare nulla. Era già morto.
Il conducente non si era accorto dell'incidente e proseguiva il suo viaggio.
Fu lì che pensai "la prossima sarò io". Ne ero certa.

La morte si stava mostrando ai miei occhi in vari modi, come volesse avvisarmi. Tutto era nero dentro e fuori di me.
Cercai di non far trapelare quel malessere sbigottito, ma nonostante il mio lo sforzo le mie amiche si ammutolirono. Ripresero a parlare solo più tardi, ricordandosi che era comunque il mio compleanno, e io feci lo stesso.
Arrivati a destinazione, cominciò un macabro gioco del destino.
Quella sera c'era la finale del Festival di Sanremo condotto da Pippo Baudo. Fu un giorno pieno d'eventi.
Cenammo e poi iniziammo a suonare brani d'ogni genere, prediligendo quelli melodici in lingua inglese.
Improvvisamente, senza motivo, mi sentii male, un peso alle gambe e poi allo stomaco. Mi venne in mente il cane, le ruote, i giorni di festa passati a Catania, la mia tristezza interiore, il mio funerale, mia madre e le sue lacrime. Mi chiedevo di che forma sarebbe stata la mia morte e quale aspetto avrebbe avuto.
Riuscii a resistere senza dare nell'occhio fino alla pausa, mi ripresi e ne approfittai anche per fare un piccolo brindisi con le amiche. Che compleanno faticoso!
Nonostante quella insidiosa sensazione, la serata proseguiva come da copione.
Fu mentre mi avvicinavo al tavolo, la serata era ormai inoltrata, che un conoscente mi fermò, guardandomi con gli occhi sbarrati.
"Ma non hai saputo niente?" mi chiese incalzando.
Cominciai a sudare, come per un presentimento che in un attimo non fu più tale.
"È morto Claudio Villa, proprio mentre cantavi. Lo hanno detto i proprietari del locale che stanno guardando il Festival!"
Uno sguardo fuggente sfiorò quello di mio fratello. Ci abbracciammo come per non farci penetrare da quella notizia, ma il

tentativo fu vano. Piangevamo, anche se agli occhi dei presenti le nostre lacrime non dovevano avere un senso.
Una signora ci separò, ignara di quello che ci stava accadendo, con il bicchiere del brindisi tra le mani.
"Ma che fai, piangi? Oggi è il tuo compleanno, devi essere felice!"
Mi diede da bere, ma giuro che bevvi puro veleno.
Le mie amiche erano atterrite, non riuscivano a parlare, a fare un gesto. Piangevano con noi, perché conoscevano il nostro dramma. Soffrirono molto per me e mio fratello.
Lui mi raccontò più tardi che aveva avuto la notizia già prima della pausa, ma con le note più tristi e piangenti tra le mani aveva dovuto terminare il pezzo che stava suonando, cercando di nascondere dolore e incredulità. Pensava a me, al mio bel compleanno... Come dirmelo?
Lo shock fu grande. Non volevo credere a quello che avevo sentito, mi sembrava un macabro scherzo, un incubo orribile.
Pensai che fosse un espediente meschino per attirare più attenzione sul Festival, un'indecente dichiarazione che dopo alcuni secondi si sarebbe dissolta come una bolla di sapone. Poteva essere, per l'*audience* si fa questo ed altro, e ne abbiamo avuto la riprova in troppe occasioni.
Ahimé, questa volta non fu così. Quella notizia era realtà.
Mi aveva lasciato così, senza neanche un'opportunità, senza parole, senza un bacio. Non ci volevo credere, eppure ci aveva lasciati.
Mio fratello ed io dovemmo continuare il nostro lavoro, perché il pubblico aveva pagato un biglietto. Qualora lo avessero saputo, ci avrebbero considerati "figli della luna".
Ad ogni modo terminai la serata in anticipo, riaccompagnai le mie amiche e mi diressi verso casa. Volevo vedere un telegiornale, ascoltare la radio, dovevo sapere come stavano esattamente le cose.

Trovai mia madre sveglia con gli occhi rossi e gonfi. Dal suo sguardo capii che tutto quello che stava accadendo non era un sogno. Sembrava così inverosimile...
Parlare fu impossibile. Preferimmo il silenzio, ma questo ci ferì anche di più.
Quella notte non chiusi occhio e non piansi, per il timore che qualcuno in casa potesse sentirmi. Ero gelosa di una sofferenza così intima.
Per quanto fosse difficile far finta di niente e nascondere la propria disperazione, non volevo ferire nessuno dei miei.
Mentre il silenzio mi pressava le labbra per l'ennesima volta, la mia anima gridava il suo dolore represso.
Provavo mille dolori, ma ciò che più mi faceva star male era un forte senso di colpa. Non avevo fatto visita a mio padre durante il suo periodo di degenza in ospedale. Avrei tanto voluto stargli accanto, ma il pensiero di causargli un'emozione eccessiva mi aveva fermato, insieme all'idea di imbattermi nel resto della sua famiglia.
Sapevo che avrebbero tentato di cacciarmi, accusandomi di speculazione per uno squallido desiderio di apparire e, conoscendomi, sapevo che non sarei stata capace di tacere di fronte alle loro ingiurie.
Tutto questo aveva influito sulla mia decisione, ma ora, nel mio rimpianto, ne pagavo le conseguenze.
Restammo a casa, io e il silenzio.

CAPITOLO 20

L'ULTIMO SALUTO

Non impiegai molto a decidere che non potevo perderlo senza salutarlo un'ultima volta. Dovevo almeno essere presente al suo funerale, farmi sentire vicina... non potevano dividerci così.
La salma fu esposta al pubblico nella camera ardente allestita a Sant'Egidio in Trastevere.
Ci andai, ritrovandomi sola e confusa, in una mattinata fredda, assolata. In fila con tutte le persone che volevano dargli l'estremo saluto, per circa tre ore aspettai.
Non riuscirò mai a spiegare cosa ho provato in quel momento. Io, sua figlia, sangue del suo sangue, ero lì semplicemente per stargli vicino, per difenderlo dagli sguardi curiosi, dalle frasi stupide che udivo tra la folla, per stringerlo a me come non avevo mai potuto fare...
Non appena gli fui davanti, mi concentrai con tutte le mie forze e portai il mio pensiero, la mia anima, all'interno della sua piccola bara. Lo sentii vicino e per un attimo fu come se ci stringessimo teneramente in un eterno, unico abbraccio per poi non lasciarci mai più.
Quell'attimo fu bruscamente interrotto da una voce cortese, che mi chiedeva di allontanarmi per lasciare spazio a quelli dietro di me.
Mi riportò alla realtà. Per rispetto di mio padre non dissi nulla, ma ancora una volta restai senza parole, senza respiro. Mi portai dentro l'idea di un abbraccio mai avuto. Lo sento ancora adesso e lo considero uno dei più bei regali che mio padre abbia voluto farmi, per non far più soffrire una figlia dimenticata.
Nei giorni seguenti venni a conoscenza dell'ora e del giorno in cui mio padre sarebbe stato trasferito al cimitero di Prima Porta, per poi essere cremato. Il tutto si svolgeva in forma privata, ma non potevo mancare.
Arrivai all'entrata del cimitero quando era ormai buio. Faceva freddo e in giro non c'era più nessuno. Avevo paura.

Parcheggiai la macchina lungo il viale esterno. A causa dell'umidità dell'aria l'atmosfera era quella di un film horror. C'era foschia e i chioschi dei fiorai erano chiusi, come quel cancello. Davanti ai miei occhi tutto era confuso. Mi tremavano le labbra e avevo freddo.
Con me portavo solo tre anemoni viola, sbocciati nel prato di casa nostra proprio in quei giorni. Mia madre li aveva raccolti sapendo che sarei andata al cimitero anche senza permesso. "Portali tu per me" mi aveva detto mesta.
Che responsabilità avevo tra le mani! Quei teneri fiorellini rappresentavano mamma, mio fratello e me, e dovevo consegnarli a tutti i costi. Ma come, cosa fare?
I minuti divennero ore fuori da quel cancello, cominciavo a pensare di aver sbagliato entrata, o che forse qualcuno si era divertito a farmi un macabro scherzo! Ma attesi fiduciosa.
I fiori cominciarono a piegarsi su se stessi, stavano morendo lentamente. Con tutta la forza dell'amore e della disperazione, iniettai la mia saliva all'estremità dei gambi come volessi ridare loro la vita.
Poi, all'improvviso, intravidi le luci delle prime macchine e il cancello come per incanto si aprì. Una ad una entrarono le auto, tutte, allontanandosi velocemente, senza darmi il tempo di capire. Rimasi impietrita, con i miei tre anemoni tra le mani.
Fissai il viale che avevo di fronte, tutto d'un tratto divenuto irraggiungibile, e mi resi conto che per l'ennesima volta mio padre se ne stava andando senza dirmi niente, costringendomi ad inseguirlo.
Ma stavolta, quella brutta sensazione e il rifiuto per quella realtà che non sai e non vuoi accettare, che non vuoi e non puoi più tollerare, mi fece reagire.
Corsi, corsi, corsi disperatamente con tutte le mie forze fin quando un uomo gentile si accorse di me. Frenò. Mi diede un passaggio, senza il quale non avrei mai potuto raggiungere mio padre.

L'uomo mi disse di essere un suo amico e un suo grande ammiratore. Si ricordava di quando mio fratello ed io andavamo a Radio Lazio la domenica. Fu gentile e discreto, non mi fece domande.
Arrivati nel piazzale, quella bara, appena uscita dal carro funebre, era proprio davanti a me. Mi avvicinai determinata e senza guardarmi attorno, come se ci fossi stata solo io. Senza alcun tipo di esitazione incastrai i fiori tra le staffe all'estremità della cassa. Poi, non allontanai mai lo sguardo da lì, per la paura che qualcuno li potesse togliere. Avrebbero ancora una volta "tolto noi". Non potevo permetterlo.
Trasportarono mio padre all'interno di una grande sala di forma esagonale, la ricordo bene nella mia mente, come ne ricordo il soffitto altissimo. Al centro posero la bara, su una piattaforma che successivamente avrebbero fatto scendere in un sotterraneo per il rito della cremazione. Lui era lì!
Di fronte a me riconobbi il suo primo figlio e la seconda moglie. Le due bambine erano troppo piccole e non mi parve strano che non ci fossero. Dovetti dividere con loro anche l'unico e ultimo momento insieme a lui, ma questa volta non avrei fatto la fila e non avrei permesso a niente e a nessuno di farmi allontanare.
Tutti si accorsero della mia presenza, della mia determinazione soprattutto. Il silenzio ancora una volta era padrone. L'aria si tagliava, nessuno mi guardava negli occhi. I miei erano su mio padre.
Fummo colti di sorpresa quando la piattaforma iniziò a scendere verso il basso, come fosse in un pozzo. Nel giro di pochi secondi mio padre diventò piccolo e irraggiungibile.
Non ragionavo più, mi sembrava di impazzire! Ancora un distacco, ma questa volta eterno. Tutti i miei perché finivano là sotto. Come le mie speranze, i miei teneri sogni precipitavano. Mi sporsi e gridai.
"Papà ti voglio bene! Ti ho sempre voluto bene!"

Lui continuava inesorabile la sua discesa. Nessuno pensò di controbattere. Nessuno provò a sfidarmi nemmeno con lo sguardo. Nessuno ebbe il coraggio di mostrare una qualsiasi reazione nei miei confronti. Nessuno si oppose. Guai se lo avessero fatto!
In quel momento di estremo dolore avevo un'unica, piccola consolazione: mio padre non era solo, restavano con lui quei tre fiorellini. L'idea della saliva che con tutto il mio amore avevo introdotto negli steli e che si sarebbe unita a lui per l'eternità mi rincuorava. Mi sembrava di non averlo lasciato solo.
Ma solo Dio sa quanto fu amaro, in quel momento, il sapore della solitudine che mi compenetrava.

CAPITOLO 21

L'INTERESSE DEI MEDIA

Trascorsero alcuni mesi, ma c'era un tarlo nella mia mente, la causa di riconoscimento. Perché continuare? Con chi? Claudio ed io eravamo d'accordo nel lasciare le cose come stavano, dal momento che nostro padre non c'era più e non avremmo mai potuto parlarci di nuovo.
I giornali nel frattempo continuavano a scrivere di lui finché, esauriti poco a poco gli argomenti, iniziarono a considerare anche noi.
Iniziò una serie di telefonate in cui ci veniva chiesto di rilasciare interviste. Alcuni fotografi, i più cinici, chiedevano foto da scattare al cimitero, con un fidanzato inventato o al mare in topless, per accostarmi spudoratamente all'immagine di Claudio Villa. Rifiutavo in maniera categorica quelle ignobili proposte.
Altri invece furono cordiali e capirono la mia situazione. Rispettavano la mia scelta di non voler scendere a quei compromessi e si guadagnarono così la mia stima infinita.
Ma non sempre le intenzioni erano chiare. Un giorno accettai un appuntamento con dei giornalisti per parlare, così mi dissero, di mio padre.
Era pomeriggio e andai tranquilla, mi fecero entrare, mi accomodai. Erano tutti estremamente gentili. Dialogavano tra loro e con me, e io ascoltavo incuriosita i loro discorsi.
"Peccato che sia morto proprio così e poi, così all'improvviso..."
A un tratto sentii suonare alla porta. Come una visione, si presentò davanti a me un uomo al primo impatto identico a mio padre. Si trattava di un sosia. Ricordai più in là di averlo visto in qualche trasmissione televisiva.
Lascio immaginare la scena. Prontissimo da dietro il sosia spuntò un fotografo, che mi disse con l'aria beffarda di chi ha già uno scoop tra le mani: "Facciamo una foto insieme!"
Rimasi sbigottita. Mio padre era morto da appena un mese e la somiglianza con il sosia era notevole.

Sentii mancare il rispetto alla mia dignità, ai miei sentimenti, provai un senso di schifo. Mi alzai d'un colpo, con gli occhi infuocati che lacrimavano gocce d'odio. Un senso di vomito irrefrenabile.
"Per chi mi avete preso? Quello che dite essere morto è mio padre, lo volete capire?"
Sbattei loro in faccia quella squallida porta, lasciandomi alle spalle quelle altrettanto squallide persone, per niente intaccate da quanto avevo appena detto loro. Ripensandoci oggi, la mia reazione è stata fin troppo blanda. Fortunati che non ricordo più i loro nomi né i loro volti.
Capii che dovevo stare più attenta, cominciare a selezionare le telefonate, le persone. Sentivo il bisogno di tutelare me stessa, la mia famiglia, l'immagine e il nome di mio padre. Nessuno aveva il diritto di scalfirlo, nemmeno io!
Il momento era molto delicato.
Da quel giorno accettai solo interviste dove ero sicura che si sarebbe parlato di lui come artista, ma il discorso scivolava inevitabilmente sui due figli non riconosciuti, tornando ad alimentare le solite, antipatiche polemiche con la famiglia legittima.
"È vero che siete i figli di Claudio Villa?"
"È vero" rispondevo, e ricordavo loro che la causa di riconoscimento di paternità era iniziata nel 1983 e che l'esame peritale aveva accertato un'altissima probabilità, così dicevano, che lui fosse nostro padre. Era vero che aspettavamo ancora il responso definitivo. Non era vero che avevamo intrapreso la via del riconoscimento dopo la sua morte per avanzare diritti sull'eredità, come la vedova riferiva alla stampa. Non ci saremmo fermati a riflettere due anni, se avessimo voluto unicamente i suoi soldi, ma avremmo al contrario accelerato il tutto per paura che l'eredità si volatilizzasse. E non era vero che mio padre non aveva mai conosciuto mia madre, perché ci sono foto che lo testimoniano.

Puntualmente venivano riempite le pagine dei giornali con delle frasi a effetto che peggioravano sensibilmente quei rapporti già nati sbagliati.
Decidemmo dunque di lasciar perdere la causa per rispettare colui che in ogni caso non poteva rispondere. Tra l'altro, le persone che ci attaccavano non potevano essere a conoscenza dei fatti, perché sia la vedova che il primo figlio sono quasi coetanei di mio fratello Claudio. Pertanto controbattevano per inerzia, ma non per la certezza della loro posizione.

CAPITOLO 22

CONTINUARE OPPURE NO

Nel 1988, un anno dopo, uscì la sentenza di cassazione che riteneva chiaramente valide tutte le prove a carico e ci autorizzava, dunque, a proseguire quella che poi sarebbe diventata una vera telenovela burocratica. Ma a noi non interessava più.
L'avvocato che ci aveva assistito in quella fase preliminare ci ripeteva con insistenza che era del tutto inutile continuare: la nostra soddisfazione l'avevamo avuta con la sentenza di cassazione.
Seguimmo solo il nostro buon senso e il nostro istinto.
Per almeno un anno e mezzo continuammo a leggere pettegolezzi in merito e frasi fuori luogo. Intanto, il nostro momento di riflessione sulla causa proseguiva. Non sapevamo bene se continuarla oppure no, visto che punzecchiarci attraverso la stampa era ormai una costante.
Fu dall'altro lato che venne un nuovo e irresistibile stimolo, quando fu pubblicata a caratteri cubitali una frase che aveva detto la vedova: "SBUGIARDEREMO QUELLA SFACCIATA".
Andai su tutte le furie. Ma come? Stavamo evitando polemiche. Era una provocazione bella e buona! Eravamo solo due figli non riconosciuti che per rispetto se ne stavano in disparte e passavamo per bugiardi sfacciati. Io sarei stata una speculatrice, quella che dice di essere figlia di..., quella che inizia una causa di riconoscimento per puro interesse economico dopo la morte del padre.
Perché poi se la prendevano sempre e solo con me? Forse perché ero quella più simile a lui. Perché canto! Perché parlo!
"No, non ci sto."
La mia rabbia fu tale che convinsi mio fratello a riprendere la causa proprio da dove l'avevamo lasciata. Non si fece pregare. Lui stesso era molto arrabbiato per le ingiurie mosse contro di noi e nei confronti di nostra madre (del resto è

risaputo che un figlio maschio per la mamma si farebbe anche ammazzare!).
Saremmo andati avanti fino in fondo e avremmo dimostrato chi erano i veri bugiardi.
Questo divenne il nostro obiettivo.

CAPITOLO 23
LA SCELTA DI CANTARE

Gli anni seguenti trascorsero tra giornali, canzoni e tribunali. Durante tutto questo periodo fu forte il desiderio di recarmi al cimitero di Rocca di Papa, anche se vi andai una volta soltanto.
Mi ha sempre fatto un certo effetto vedere incisa la mia data di nascita sulla sua lapide e proprio per questo mi violentai per anni. Ma riuscii ad unirmi a mio padre con tutta l'anima ogni 7 febbraio successivo a quello del 1987.
Era il mio compleanno ed era allo stesso tempo l'anniversario della sua morte. Lui muore, io nasco. Come un messaggio tra le righe, la continuazione di un qualcosa.
Quel qualcosa era la mia voce, che man mano acquisiva sempre più timbrica, volume, forza.
Il lavoro e lo studio divennero due parti fondamentali della mia vita. Con mio fratello cominciammo a comporre e registrare le nostre prime canzoni, belle, perché erano le nostre. Lui scriveva le musiche e io mi divertivo a scrivere i testi. Insieme facevamo proprio una bella coppia!
Inizialmente avevo una voce acerba e celavo tra i miei testi d'amore un significato più profondo. Tutto quello che scrivevo parlava di me e mio padre, anche quando erano due amici che si separavano, anche quando raccontavo di due innamorati. Nei miei pensieri c'eravamo solo noi.
Ma dentro di me c'era anche tanta rabbia e quelle canzoni furono il mio primo sfogo.
Così, munita di nuovi brani, mi avviai alla ricerca di una casa discografica che credesse nelle nostre qualità.
Bussai alle prime porte, ma le frasi che mi sentivo ripetere erano sempre le stesse: le canzoni non erano commerciali, erano troppo "vecchie", la mia voce era antica, il mercato non ci avrebbe graditi.
All'inizio credetti alle critiche alle quali speranzosa mi sottoponevo, Ma in seguito compresi che si trattava solo di un pregiudizio.

Una volta portai a un noto discografico una della canzoni in questione. Mi ricevette dicendomi che il brano era appunto troppo sofisticato e mi consigliò di tornare con una canzone un po' più commerciale.
Presi quindi l'appuntamento a distanza di un mese, per avere il tempo di lavorare un pezzo nuovo. Ma mi venne in mente di fare una prova.
Tornai dal "grande discografico" con la nuova canzone, per sottoporla alle sue acute critiche di serio professionista.
Lui la ascoltò, fingendo interesse e dedizione. Poi sentenziò: "Sai, Manuela, il pezzo è bello, ma è troppo commerciale..."
Lo sapevo! Senza svelare la trappola che gli avevo teso, lo ringraziai e me ne andai a gambe levate, catalogandolo per tutta la vita tra gli innumerevoli beoti da me incontrati.
Gli avevo fatto ascoltare la stessa identica canzone del mese precedente!
Ogni tanto, quel discografico si permise anche di telefonarmi, invitandomi ad accompagnarlo a qualche cena di lavoro.
Una volta accettai, confermando la mia disponibilità, ma non mi presentai all'appuntamento e lo lasciai per strada con l'inganno, come lui aveva fatto con me.
Oggi, quando mi capita di incontrarlo, mi fa anche il baciamano.
Comunque non mi abbattevo, anzi, questi comportamenti mi tempravano.
Decisi dunque di investire alcuni risparmi nel mio primo book fotografico, ma questo sì, si rivelò un errore, poiché le foto erano molto aggressive rispetto alle canzoni che interpretavo, non esprimevano la mia personalità artistica.
I miei vent'anni li avevo tra le mani e come un abile prestigiatore giocavo con le mie insicurezze cercando di farle sparire o di non farle mai vedere.
Malgrado tutto terminai gli studi e divenni una montatrice cinematografica. Lavorai come assistente al montaggio con

grandi soddisfazioni, ma la mia natura era propensa alla musica e tra un montaggio e l'altro continuavo a cantare. Fin quando divenne impossibile conciliare le due attività. Il lavoro di montatrice mi consentiva di vivere ma non esprimeva in pieno la mia grande passione. La musica non mi faceva guadagnare, ma mi arricchiva di sogni, d'entusiasmo e di ricordi indelebili. Scelsi lei.
Ci volle poco perché diventassi la preoccupazione della mia famiglia. Giravo per mari e monti in cambio di pochi spiccioli che investivo nella causa.
Imparai a cucire, per improvvisare con tutta la mia fantasia abiti da scena sempre diversi. Non erano belli, ma a me piacevano.
Mi capitava spesso di incontrare ragazze che volevano cantare solo per diventare famose, ma per me era diverso. Io cantavo per il gusto di farlo.
Non ho mai avuto un fisico da mini mozzafiato e non ho fatto mai nulla per indossarle a tutti i costi uniformandomi alla massa. Non portavo i tacchi perché i piedi mi facevano male. Appena finito di cantare andavo subito a struccarmi. Volevo apparire il più normale possibile.
Ma girando per paesi e città diverse mi scontravo con mentalità rigide, quasi d'altri tempi. Era ancora forte nel pensiero comune il pregiudizio verso chi vuole fare spettacolo. Si pensa che una ragazza che canta sia disposta a qualsiasi compromesso pur di fare carriera e nella maggioranza dei casi è così.
Proprio per questo, io puntavo sullo studio, sulla professionalità, cercavo di non apparire luminosa e accattivante sotto al palcoscenico.
Purtroppo, scoprii che anche la mentalità di alcuni artisti lasciava molto a desiderare. Sembrava che per essere considerati tali bisognasse essere "strani" per forza. Io, invece, lasciavo spazio alle emozioni più che alle curve del mio corpo o alle feste fino a notte fonda.

Ma il mondo non andava nella mia stessa direzione o forse ero io che non ritenevo giusto seguirlo. Così, in molte occasioni, mi accusarono di essere "anonima".
Una volta, per un provino, mi chiesero di portare delle foto. Le avevo preparate con cura e sacrifici: diversi primi piani del mio viso, un bel trucco, un grande sorriso per conquistare chi mi era di fronte.
La ragazza prima di me, che diceva di saper ballare, portò invece un librone pieno di foto in cui mostrava generosa ogni parte del suo corpo. Per un attimo pensai di essere a una visita medica piuttosto che di fronte a un esaminatore di talenti!
E il disagio che provai non fu tanto per me, ma per l'uomo che avevo di fronte. Gli leggevo in volto la curiosità che lo divorava mentre sfogliava morbosamente ogni pagina di quel libro.
E pensare che, ingenua come una melanzana, avevo preparato una bellissima canzone, *Margherita*, di Riccardo Cocciante!
Ma anche quelle sono scelte e ho imparato a non giudicare. Del resto, nessuno mi obbligava a cantare o a fare quei provini.
La cosa che invece di me stessa mi divertiva, era la voglia di cambiare i miei capelli. Taglio, colore... iniziai dal nero corvino per arrivare al biondo platino, provai il castano con dei leggeri riflessi rossi e subii gli errori di parrucchieri improvvisati. Infine, approdai al rosso fuoco.
Mia madre portava i capelli dello stesso colore, che scendevano lunghi sulle spalle, e per me fu quasi la necessità di riscattarla. Non sono più riuscita a distaccarmi da quel rosso.
È come portare mia madre con me sui palcoscenici che proprio per noi ha lasciato, regalandole le emozioni alle quali ha dovuto rinunciare.

Ho sempre guardato male chiunque provasse a dirmi che il mio rosso aveva stancato e dovevo cambiare look. Era come se mi dicessero di lasciare a casa mia madre.
Forse, da oggi, chi continua a farlo capirà le mie ragioni.

CAPITOLO 24

LO SCIACALLO

Col passare del tempo, tra una sperimentazione e l'altra sul mio look, la mia assenza da casa era divenuta una costante. Ormai, volente o nolente, ero entrata a far parte del mondo dello spettacolo.
Purtroppo però non vi entrai dalla porta principale e quella che mi trovai davanti mi portò dritto nel sottobosco di quel mondo misterioso, quello che sotto i riflettori non si vede, e che pochi fuori del giro conoscono.
Con questa svolta, si aprì una nuova serie di problemi da affrontare, sia per me e sia per i miei, che cercavano in qualche modo di sostenermi in tutte le mie scelte.
Non ci volle molto perché attorno a me, figlia non riconosciuta del grande Claudio Villa, iniziassero ad aggirarsi loschi individui, sciacalli che sfruttavano la mia storia, la mia faccia, la mia voce, la mia inesperienza, e mi vendevano al miglior offerente.
Io da parte mia partecipavo volentieri alle manifestazioni più diverse, anche se mi veniva detto che non ne avrei tratto guadagno perché erano a scopo promozionale, o addirittura che erano eventi benefici. Solo dopo avrei scoperto che il mio onorario andava a riempire giorno per giorno le tasche dell'uomo che in quel periodo diceva di credere in me.
All'inizio non sapevo di avere incontrato un personaggio che avrebbe usato tutta la mia fragilità per plasmarmi come meglio credeva e ottenere attraverso il mio lavoro un'incredibile fortuna.
Stavo attraversando un periodo molto difficile. Forse è per questo che rimasi così colpita da quella figura ai miei occhi carismatica.
Lui era molto più grande di me, e questo mi rassicurava. Mi disse quello che volevo e che avevo bisogno di sentire.
Avevo perso mio padre, non avrei più potuto stringere un rapporto con lui, parlargli, abbracciarlo, uscire con lui per una pizza insieme.

E tutt'a un tratto ecco arrivare un uomo così comprensivo e pieno di attenzioni.
Barbetta, codino, occhi paterni, era un grande ascoltatore oltre che un genio della matematica, e aveva parole dolci e rassicuranti per ogni circostanza. Ma la frase che mi colpì di più, quella che ripeteva più spesso e significò per me l'inizio di una lunga dipendenza psicologica da lui, riguardava la mia storia e la mia emotività.
"Il nostro incontro, avvenuto subito dopo la morte di tuo padre," mi diceva "non è casuale, ma è un segno del destino."
Era come se lui dicesse "Me ne sono andato, ma ti ho lasciato una persona che ti proteggerà al mio posto."
Fu come se al mio cuore infreddolito stessero offrendo una coperta calda e soffice. Lui mi avrebbe ascoltato, compreso e aiutato, ne ero certa.
Mi legai a lui al punto da accantonare tutti i miei sentimenti, le mie energie e l'affetto che provavo, gli affidai ogni più intimo segreto e lo nutrii di linfa vitale: la mia giovinezza.
Spesso, quando si soffre profondamente, si perde di vista la realtà ed io mi sentivo così sola da non rendermi conto di quanto tutto ciò che ascoltavo fosse illogico.
Volli credere che il nostro incontro fosse davvero un dono di mio padre per tutelarmi. Gli credetti! E da quel momento quell'individuo divenne il mio punto di riferimento, la persona di cui fidarmi ciecamente e a cui affidarmi senza timore.
Ogni sua parola era per me oro colato e non ci volle molto perché quel morboso rapporto mi ponesse in contrasto con i miei familiari. Non permettevo loro di aiutarmi a capire. Non volevo ascoltarli! Lui era un regalo di mio padre e basta.
Col cuore in mano dissi allo Sciacallo di occuparsi di tutto quello che riguardava la mia attività artistica, mentre io mi sarei curata di quella legale. Non gli parve vero.

Giorno dopo giorno i suoi pensieri divennero i miei, ero come creta che aspettava di essere modellata dalle sue mani, una marionetta che prendeva vita per i suoi interessi e piaceri soltanto. Mi convinse che era stato lui stesso a creare Manuela Villa.
"Non riuscirai a cantare se io non ti sarò accanto, perché sono io che ti do la forza, sono la tua forza, lo sai! E come ti ho creato, ti distruggo!"
Gli credevo e mi fidavo e mi affidavo.
Questa guerra psicologica durò circa dieci anni, ma non fu l'unico problema che dovetti affrontare.

CAPITOLO 25

IL PESO DI UN COGNOME

Agli inizi della carriera il mio nome d'arte era Manuela. Quando mi presentavo ai concorsi canori puntavo molto sulle mie capacità, e l'unico modo che avevo per attirare l'attenzione era quello di cantare. Mi sentivo impacciata e di troppo quando questa possibilità non c'era, ma prima o poi arrivava il mio momento, dimenticavo la mia storia, le mie lotte, e mi godevo gli applausi.
Così mi creavo il mio angolo di palcoscenico che nessuno mai avrebbe potuto sottrarmi.
Non fu semplice. Il mio vissuto faceva paura e mi ostacolava.
Una volta ad uno di questi concorsi arrivai in finale. Avevo ottenuto dalla giuria popolare un punteggio altissimo e c'era la possibilità di approdare a Sanremo. Ero felice perché sapevo di avercela fatta solo con le mie forze.
Ma da un momento all'altro il mio nome scomparve dalla lista dei finalisti. Mi chiedevo come, perché fosse accaduto, forse si trattava di un disguido, di un errore...
Non me lo dissero in faccia, ma per vie traverse arrivò un verdetto inesorabile.
Ero "quella che dice di essere la figlia di Claudio Villa", potevo creare dei problemi, era meglio che non ci fossi.
Cosa dire? Di fronte a queste dure parole non avevo molte speranze.
Mi consolavo con le carezze che lo Sciacallo mi regalava, ripetendomi la solita frase: "È perché non ti chiami Villa!"
Mi feriva quella frase e ripiegavo sulle carezze sperando di sentire che mi voleva un po' di bene.
La stessa filastrocca si ripeté in seguito per altre situazioni analoghe, finché non arrivai a una consapevolezza decisa.
Se mi chiamavo Manuela mi cacciavano perché ero quella che dice di essere la figlia di Claudio Villa, se mi fossi chiamata Manuela Villa mi avrebbero cacciato per lo stesso motivo! Tanto valeva prendermi il nome per intero.

Almeno sarei stata eliminata con tanto di cognome, anche se gli fosse mancato il coraggio di dirmelo personalmente.
Eccomi. Mi chiamo Manuela Villa!
Quando gli comunicai la mia decisione, lo Sciacallo fece un salto di gioia. Non che ce la facesse fisicamente, era pigro e molto rigido nei movimenti, ma ricordo la sua espressione con il segno del dollaro che scintillava al posto delle pupille. Bingo!
Quel nome fece ancora più gola di prima ed ero sempre più circondata dai pericoli dello sciacallaggio. Per fortuna ho sempre avuto un pregio in particolare, quello di saper dire "No!".
Il lavoro non mancava, ma le condizioni erano rischiose. Rifiutai tantissime offerte fatte a me direttamente, perché portavano denaro ma non prestigio, cosa a cui tenevo e tengo di più.
Questa mia intransigenza innervosiva lo Sciacallo, ma io volevo costruire qualcosa che durasse nel tempo.
Chi non riusciva a mangiare sulla mia pelle mi ripagava rinfacciandomi le mie origini: "È stato facile fare carriera, con il nome di tuo padre!"
Certo, questa è la prima deduzione, ma voglio raccontare il seguito.
Il mio nome cominciò a girare tra gli addetti ai lavori, la mia storia già la conoscevano. Ma al contrario di quel che si possa pensare, i veri ostacoli non li incontrai con il pubblico, che amava Claudio Villa accettandone pregi e difetti, quanto proprio tra i suoi molteplici "amici-nemici".
Spesso, durante gli spettacoli in cui ero richiesta in qualità di ospite, finivo per scontrarmi con realtà inconcepibili.
C'era chi aveva voglia di conoscermi, di sapere. Ma altri mi evitavano spudoratamente rifiutando perfino un sorriso, un saluto, senza nascondere il terrore di essere fotografati accanto a "quella che dice di essere figlia di..."

Riuscirono in molti a farmi stare male, a farmi apparire come una spietata arrivista. Contemporaneamente mi emarginarono, umiliandomi! Ma nessuno di loro ha mai osato incrociare il mio sguardo. Oggi vorrei dir loro qualcosa.
Perché ora mi saluti abbracciandomi, sorridendomi e facendomi un mare di complimenti?
"Mamma mia che voce! Certo non c'era bisogno del DNA! Ma come hanno fatto a dire che non sei la figlia, sei tale e quale!"
Perché ora mi guardi? Non potrò dimenticare i tuoi occhi che si sottraevano ai miei! Perché mi parli? Il tuo silenzio tagliente mi segnava dentro!
Mi ricordo di te e lo sai...
Solo la gente comune mi ha dato la forza di andare avanti, perché capiva, perché situazioni come la mia le vive in modo naturale. Perché questa è la vita e non si vergognano di viverla.
Perché ora vuoi prenderti quei meriti che non sono i tuoi? Se oggi sono Manuela Villa, non lo devo a te. Non dire di conoscermi, me ne vergogno!
Quel nome non era per niente facile portarlo fuori casa, figuriamoci dentro. Provavo impaccio nel pronunciarlo. Anche io, del resto, dovevo ancora abituarmici.
La paura di ferire la persona che mi aveva cresciuta con tanto amore era grande. Per questo un pomeriggio lo chiamai al telefono.
"Papà, per tanti motivi sono costretta a prendere il nome Villa, ma credimi, non devi vederla come una mancanza di rispetto nei tuoi confronti. Nessuno ti toglierà dal mio cuore!"
Lui, con tenerezza, mi rispose che non era pienamente d'accordo, ma che qualunque fosse stata la mia decisione, si augurava solo che mi portasse fortuna.
Quella risposta mi diede forza e mi tranquillizzò. Ma fu solo per poco.

Capitò che dovessi esibirmi proprio vicino casa dei miei. Rientrando dopo la mezzanotte, ad un incrocio, mi imbattei in un cartellone con stampato il mio volto e il nome "Manuela Villa" a caratteri cubitali.
Strabuzzai gli occhi, il cuore a mille... Tremai al pensiero che papà si sarebbe fermato l'indomani mattina in quel medesimo punto e che vedendomi ne avrebbe forse sofferto.
Subito chiamai mia cugina Antonella per farmi dare una mano e come due ladri di galline staccammo uno per uno tutti i manifesti della zona. Tornammo a casa all'alba.
Mi sentivo meglio. Ma avevo in qualche modo mutilato la voglia di gridare al mondo il mio nome.
Quale artista si toglie i manifesti da solo per non farsi vedere? Questa domanda me la sono fatta spesso e anche oggi mi fa sorridere. Antonella ed io ci divertiamo ancora a ricordare quella nottata particolare!

CAPITOLO 26

LA RUSSIA

Quando anche lo Sciacallo, bene attento, si rese conto delle problematiche causate dal mio cognome, pensò a nuovi modi per sfruttare al meglio la gallina dalle uova d'oro che aveva tra le mani.
L'Italia non si era dimostrata tollerante nei miei confronti. Così, varcammo il confine.
Andai a San Pietroburgo, che a quel tempo si chiamava ancora Leningrado, per una manifestazione piena di fascino. In Russia i teatri erano maestosi. Immensi e scintillanti lampadari sovrastavano le nostre teste e gli artisti si esibivano in pompa magna su palcoscenici altrettanto grandi.
I teatri erano rigorosamente pieni, quanto erano vuote le pance del pubblico e le loro tasche. C'era la fame nera in quel periodo e solo a teatro le persone potevano trovare qualcosa da mangiare per sé e per i propri figli.
In un'ampia sala, tra il primo e il secondo tempo dello spettacolo, si degustavano infatti tartine con salmone e caviale poste su tavoli con il piano rialzato.
Il pubblico era decisamente sottomesso a quel sistema politico e sottomessa mi sentivo io quando li vedevo intenti ad ascoltare. Quel pubblico, malgrado i morsi della fame, era un pubblico educato al teatro, pertanto molto esperto.
Toccava a me. Ero molto agitata, ma come al solito mi catapultai con istintiva incoscienza su quelle enormi tavole e iniziai a cantare quella *Granada* che in Italia, il mio paese, non volevano neanche sentire nominare.
Giunta al primo interminabile acuto, che richiamava sempre l'applauso del pubblico nostrano, gli spettatori russi rimasero immobili, come fossero indifferenti alle fatiche che l'acuto stesso mi comportava.
Ebbi veramente paura e cantai il resto della canzone con l'incubo di non essere piaciuta.
Ma l'applauso arrivò dopo l'ultima nota.

All'improvviso, come in una marcia per andare in guerra, iniziarono a battere le mani a ritmo cadenzato, mentre io mi affrettavo a raggiungere le quinte quasi volessi portarmi in salvo. Mi venne in mente la corazzata Potemkin. Del resto era in tema. Oltre ad avere studiato quel film a scuola, l'avevo visto alla televisione qualche sera prima, in lingua originale.
L'interprete mi guardava e mi faceva segno di rientrare di corsa. Ma io non volevo, pensavo ce l'avessero con me! In pochi istanti mi spiegò che era il loro modo di applaudire un artista che meritava. Mi spronò ulteriormente a rientrare.
Tornai in scena poco convinta ed era proprio così.
Avevano gradito la mia prova e il loro silenzio durante gli acuti era un segno di rispetto nei confronti dell'esecutore.
Era la mia prima esperienza all'estero.
Tutto era scritto in cirillico, non si poteva parlare in altre lingue e se mai ci avessi provato con un po' di inglese mi avrebbero risposto poco garbatamente o addirittura ignorata.
Ero partita con cinquantamila lire in tasca, che in fondo non erano niente, ma se penso alle tartine a pranzo con la sola acqua ferrosa per cena (faceva diventare i denti verdi), posso dire di aver ricevuto tantissimo da quelle persone.
Non ricevetti certo lo stesso trattamento dallo Sciacallo, che nascondeva sempre le sue prodezze speculatorie puntando il dito contro gli organizzatori. E io, purtroppo, lo seguivo.
Mi accorsi che qualcosa non andava quando vidi altri partecipanti alla manifestazione ricevere un trattamento diverso dal mio.
Io dovevo viaggiare in treno mentre altri si spostavano in macchina con degli accompagnatori, la stampa al seguito, dei pasti sicuri.
Mi ribellai e minacciai di non fare lo spettacolo. Per tutta risposta, mi tolsero i documenti che mi sarebbero serviti

per rientrare in Italia, una sorta di permesso di soggiorno, ma non il passaporto, che tenevo sempre accuratamente dentro al marsupio.
Scappai, ma il problema era tornare a Mosca per prendere l'aereo che mi avrebbe riportato a casa.
Mi tirai dietro quell'uomo che tanto diceva di tutelarmi, ma che da quel momento non proferì parola, e ci recammo alla stazione.
Era notte e faceva freddo. In quella situazione, avendo lasciato l'organizzazione e per giunta essendo senza documenti, io ero del tutto fuori regola. Se solo mi avessero fermato per un controllo non so cosa sarebbe potuto accadere, visto il tipo di trattamento riservato a chi non rispettava le norme. Ma volevo tornare a casa a ogni costo.
Arrivati in stazione mi avvicinai a uno sportello per chiedere informazioni.
"Excuse me!"
Lo sportello mi venne chiuso in faccia e, allo stesso modo, un passante al quale mi ero rivolta in inglese se ne andò a gambe levate senza neanche girarsi.
Capimmo che la situazione era veramente precaria quando ci avvicinò un tipo altissimo e vestito di scuro, che in cambio di pochi dollari americani ci diede due biglietti per una destinazione sconosciuta.
Cercai di spiegargli che volevamo andare a Mosca, ma faceva solo dei cenni con la testa. Dovemmo fidarci. Rischiammo e salimmo su quel treno.
Il controllore ci assegnò due posti letto all'interno di uno scompartimento. Il viaggio sarebbe durato tutta la notte e non fu certo dei più facili. Il timore che la destinazione non fosse quella giusta mi fece compagnia per tutto il tragitto.
Mi sembrava di vivere in un'altra epoca. Il treno era pieno ornamenti in ogni angolo e le tende dei finestrini erano

rigide e lavorate come quelle dei sipari che avevo visto durante le mie esibizioni russe. Tutto era surreale.
I finestrini, tra l'altro, non si chiudevano bene e per tutto il viaggio e per tutta la notte, neve e solo neve, accompagnata da un vento gelido, tentava di entrare nello scompartimento.
Io e lo Sciacallo morivamo di freddo. Il controllore ci portò delle coperte, ma giuro che non bastavano. E lui fece un bel gesto, mi offrì anche la sua. Evidentemente il suo senso di colpa per avermi messo in quella situazione lo riscaldava abbastanza!
Pensai, guardando fuori da quel finestrino, a tutti gli italiani che erano morti tra quelle distese ghiacciate durante la guerra e mi addormentai con il pensiero che mi sarei svegliata in chissà quale città.
Ma alle prime luci del mattino, contro ogni aspettativa, ecco apparire quelle lettere: MOCKBA. Era Mosca! Grazie a Dio eravamo arrivati.
La realtà che vidi fu dura. In terra, tra coperte e cartoni, la stazione era piena di commercianti del Caucaso, con colbacchi e cappotti di pelliccia per ripararsi dal freddo, ammassati come foche sulla banchisa, senza il minimo spazio per muoversi.
Avevo fame e cercai un punto di ristoro. C'era un chiosco con un sacchetto di mele in vetrina, da alcune delle quali uscivano vermi.
In molti si accalcavano lì intorno, con i volti pressati contro la vetrina. Le stavano mangiando con gli occhi quelle mele, ma nessuno di loro poteva permettersi di comprarle. Costavano quanto un quarto del loro stipendio.
Mi diressi verso una fila lunghissima che, tra la fame che avevo e la curiosità di quello che avrei scoperto, feci anch'io senza fiatare.
Dopo circa due ore arrivai a destinazione. Davanti a me l'orrore.

Era una sorta di bancone con esposto ogni tipo di brodaglia, prevalentemente a base di cipolla e aglio. Fiumi di cipolla e aglio. Tutto aveva quel sapore.
Ma la cosa peggiore fu che le pesanti teglie, con le sbobbe giallastre che fumavano ancora, venivano trascinate dalla cucina al bancone con delle funi, in mezzo alla segatura sparsa a terra per non scivolare. Ai soliti tavoli con il piano rialzato le persone mangiavano con posate e piatti di ferro legati con una catenella.
Tornai alle mele.
Fu forte il senso di colpa che provai nell'acquistare quell'unico pacchetto in vetrina. Mi sentivo addosso gli occhi arrabbiati di una popolazione a cui si stava togliendo anche solo la speranza di guardare. Tutto per una manciata di dollari. Non lo dimenticherò.
Con quelle mele raggiunsi l'aeroporto, ma non avendo i documenti, che erano rimasti agli organizzatori, dovetti approfittare di un momento di distrazione delle guardie. Riuscii così a superare i controlli e finalmente mi accomodai in una calda poltrona dell'aereo che mi avrebbe riportato a casa.
La Russia fu un'esperienza unica. Vi tornai altre volte, sette in tutto, e tutte le volte rientrando in Italia portavo con me un po' di gloria e un piccolo premio di consolazione: un vassoio di legno con due tazze e cucchiai, anch'essi di legno, avvolti in un centrino fatto a mano da chissà quale vecchietta.
Mi venne in mente una frase che all'età di novant'anni diceva sempre mia nonna: "Chissa potta sempre coppe e soldi non ne potta!". E aveva ragione. Rientravo sempre con gli onori, ma di guadagni non se ne parlava.

CAPITOLO 27

UN'OASI NEL DESERTO

Finalmente, tra una serata e un dispiacere, un incontro fantastico: la Regina delle regine, Nilla Pizzi, una donna splendida sotto ogni punto di vista.

La conobbi durante una trasmissione televisiva da lei condotta dove fui invitata a cantare.

"Dal primo momento che ti ho vista e ascoltata" mi disse in seguito, "non ho avuto ombra di dubbio: sei figlia di Claudio, non può essere altrimenti, mi hai commossa."

Ho sempre considerato il nostro incontro un segno del destino. Ogni volta che Nilla mi parlava riusciva a trasmettermi coraggio, un senso di protezione, e ancora oggi quando ci incontriamo mi riempie di attenzioni e di consigli sfoderando qualche battuta di spirito.

Nilla è una donna intelligente, dotata di grande ironia. Ed è stato importante per me che una grande professionista, collega e amica di mio padre, mi sia stata vicina dimostrandomi una fiducia e un affetto che raramente sono riuscita a trovare in questo ambiente.

Fu un'oasi nel deserto. Essere accettata e stimata da Nilla "la Regina" per me voleva dire essere accettata anche dal "Re" mio padre.

In quello stesso contesto conobbi una grande produzione, che con immediato entusiasmo m'invitò presso i suoi uffici per parlare di lavoro.

Furono loro a produrre il mio primo disco. Avevo raccolto alcune delle canzoni più belle del repertorio della musica italiana, ma non fu facile per me inserire nell'album una canzone inedita sul mancato rapporto con mio padre.

A detta dello Sciacallo, se non avessi accettato di cantarla probabilmente non avrei neanche inciso il disco.

Piansi per una notte intera nella mia stanza d'albergo. Sulle pareti macchiate dal tempo vedevo l'ombra di me stessa ricurva sul letto e i miei singhiozzi svegliavano gli altri ospiti.

Lo Sciacallo si trovava nella stanza accanto e udendomi piangere accorse. Fuori c'era la neve.
Mentre mi coccolava disse che comprendeva il mio stato d'animo, ma che quella era l'unica via d'uscita se volevo andare avanti.
Mi addormentai dopo aver disprezzato con tutti i sentimenti lo Sciacallo, la produzione e anche i miei occhi diventati enormemente gonfi.
Odiai quella canzone e giurai di non cantarla mai più. Sentivo di non essere stata rispettata neanche un po'.
Non avevo ancora superato i problemi che mi legavano a quell'argomento e far comprendere il mio stato d'animo era difficile... ma forse, questo aspetto non interessava a nessuno.

CAPITOLO 28

PIACERE: MANUELA VILLA

L'incomprensione logorò il mio rapporto con la produzione, che si interruppe anche piuttosto bruscamente solo dopo il mio debutto televisivo sulla televisione di stato.
L'occasione capitò nel 1991 con *Piacere Rai 1*, trasmissione presentata da Toto Cutugno, Simona Marchini e Piero Badaloni dal Salone delle Feste del Casinò di Sanremo.
La sera prima, alle prove, ricordo di aver fatto un bell'effetto. Quando Toto passò ad ascoltare, mi sentii di nuovo sotto esame, ma cercai di celare ogni timore.
Il giorno seguente mi alzai prestissimo: la messa in onda era intorno a mezzogiorno e la voce doveva essere più che riscaldata. Mi sentivo un'atelta prima di un salto in alto.
E proprio di salto in alto si trattava. La base su cui avrei dovuto cantare era di un tono più alta del solito. C'era stato un errore, ma io dovevo rischiare, perché quella era la mia unica occasione italiana.
Arrivai in teatro mentre il pubblico numeroso cominciava a prendere posto. Il brusio della gente mi spaventava e contemporaneamente mi trasmetteva una carica indescrivibile. Mi accomodai timidamente nella sala trucco e attesi il mio turno.
Ma a dieci minuti dalla mia esibizione, mentre la truccatrice faceva gli ultimi ritocchi, vidi uno degli autori che commentava insieme alla produzione alcuni fax arrivati da poco.
In quei fax c'era il mio nome e quel nome non doveva esserci. Ben presto mi comunicarono che forse non avrei mai cantato.
I familiari "legittimi" avevano ripreso ostinatamente le armi in pugno ed erano pronti ad attaccare a qualsiasi costo.
Nei fax si chiedeva di impedire a "quella speculatrice" di cantare col nome Villa, perché questo, secondo loro, avrebbe danneggiato l'immagine del celebre cantante.
Non sopportavano che il mio volto fosse associato a quel nome e che per di più cantassi *Granada*.

Granada, quanto Villa, faceva spavento. Quella canzone, vero cavallo di battaglia di mio padre, lo rappresentava in pieno.
Era come una regola matematica: *Granada* sta a Villa come Manuela sta a Claudio. Togliendo *Granada* e togliendo Manuela, doveva rimanere solo Claudio Villa e nient'altro. Un incubo matematico, direi.
Ma finalmente, per la prima volta, qualcuno si ribellò a un'ingiustizia così palese.
Toto e Nilla si schierarono in mio favore. Ricordo Toto che tra una quinta e l'altra ripeteva: "Io non capisco perché non deve cantare se è brava!" Ed io, grazie all'onestà di queste due persone, riuscii a cantare *Granada* chiamandomi Manuela Villa senza essere fermata.
Fu un momento memorabile. La Regina, testimone dei miei primi importantissimi passi, mi guardava orgogliosa. Toto e Simona non erano da meno e dimostravano felicità ed emozione.
Il pubblico era in piedi in delirio. Applausi lunghissimi. *Standing ovation!* Lacrime e ancora applausi.
Tra la folla mio fratello Claudio, commosso, mi lanciò un bacio che non avrei dimenticato mai. Volevano il bis, ancora applausi.
Avevo cantato *Granada* per la prima volta.
Dietro le quinte tutti mi abbracciarono. Anche chi, fino a poco prima, mi aveva guardato con diffidenza. Artisti famosi che non volevano farsi fotografare insieme a me, si mettevano in posa con grande naturalezza.
Non m'importava più. Avevo superato la grande prova, il pubblico. Tirai un sospiro di sollievo. Ero riuscita a debuttare nonostante quell'ennesimo tentativo di boicottaggio.

CAPITOLO 29

IL CANADA

Quella tanto sofferta puntata televisiva mi portò a conoscere una persona che col tempo divenne molto importante per me.
Johnny Lombardi era cresciuto in Canada da genitori italiani e in passato aveva portato anche mio padre in quello sconfinato paese.
Mi ripeteva sempre: "Il ferro va battuto finché è caldo" e intanto mi spronava a valorizzare il mio successo.
Così, nel luglio dello stesso anno, feci il mio primo viaggio in Canada, prima a Toronto e poi, proseguendo, fino a Winnipeg.
Lo spettacolo musicale di cui facevo parte fu per me un'importante occasione per confrontarmi con culture musicali diverse dalla nostra.
Mi colpirono soprattutto le esibizioni di alcuni eschimesi, per il loro particolarissimo modo di cantare: emettevano suoni gutturali battendosi una mano sulla gola e così producevano note che alle mie orecchie sembravano stonate. Ma quella era la loro forma di espressione.
Realizzavo così la consapevolezza che non dovevo fermarmi alla melodia italiana. Dovevo guardare oltre.
Da quel momento in poi, una parte del mio cuore restò in quella città, non solo per il pubblico che avevo incontrato, numeroso e accogliente, ma anche per un importante rapporto di amicizia con Johnny che continuò nel tempo anche dopo quell'esperienza.
Lui rappresentava per me una parte di mio padre e ogni volta che lo incontravo mi raccontava qualche episodio che solo i suoi amici più intimi potevano conoscere.
Come quando mio padre lo chiamò al telefono in piena notte, durante una tournée che stavano facendo insieme, solo per dirgli che voleva portare in Italia un grande camper in stile americano. Fece di tutto per convincerlo ad acquistarlo e non si arrese finché lui non lo ascoltò.

Qualche tempo fa, Johnny se ne è andato, ma ho saputo grazie ai suoi figli che anche la mia persona era stata importante per lui. Teneva la mia foto tra quelle dei suoi familiari ed ero l'unica artista di cui aveva un'immagine in casa sua. Era come se mi considerasse una di famiglia e questa cosa mi riempiva il cuore.
Grazie a Dio, ho ritrovato lo stesso feeling con tutta la sua famiglia e continuammo ad essere grandi amici nel ricordo di Johnny.

CAPITOLO 30

RIPRENDE LA GUERRA

Seguirono altre occasioni positive, dove ottenni buoni riscontri da parte del pubblico. Ma se è vero che la felicità dura un attimo, posso dire di aver rispettato i tempi.
Quel periodo magico, infatti, fu ben presto interrotto.
Il primo figlio, il "legittimo", decise che era arrivato il momento di bloccare colei che stava inesorabilmente turbando la sua quiete familiare.
Fece emettere un provvedimento per urgenza, "l'articolo 700", in cui chiedeva al giudice di inibirmi l'uso di quel nome. Si sentiva in dovere di tutelarlo.
Fu un duro colpo. I provvedimenti per urgenza vengono emessi in caso di danni irreparabili, ma qual era il mio reato, esistere? Forse volevano il mio silenzio eterno.
La sentenza arrivò nel giro di un mese e il giudice mi diede ragione: nessuno aveva il diritto di difendere un nome d'arte che non gli apparteneva, centinaia di artisti si chiamano Villa e c'era una causa di riconoscimento in corso. Per di più, così c'era scritto, non risultava che il signor Villa avesse fatto voto di castità.
Insomma, in quell'occasione ebbi la meglio. Cosa avrà spinto il primo figlio ad accanirsi così violentemente contro di me non potrò mai capirlo fino in fondo.
I figli non hanno colpe in situazioni come questa e ho sempre nutrito un certo imbarazzo nel parlare di comportamenti non del tutto corretti da parte dei figli di mio padre o di chi per loro.
Non mi sento di infierire sullo stesso mio sangue. Tuttavia non posso più barricarmi nel silenzio.
Capisco bene come anche lo stato di figlio legittimo possa essere un problema, soprattutto se i genitori hanno successo e riconoscimento pubblico. È facile che, una volta divenuti famosi, essi rimangano imbrigliati dal loro stesso successo peccando di superficialità. Fanno e disfano, e raramente si soffermano sulle conseguenze delle loro azioni.

I figli legittimi di mio padre, quanto Claudio ed io... siamo tutti stati vittime di quel sistema che mi pesava addosso come un macigno.
Quella che oggi viene normalmente chiamata "famiglia allargata" all'epoca era impensabile a causa delle leggi e di un diverso senso del pudore.
Come giudicare e come dire cosa era giusto e cosa sbagliato? Perché, invece, non parlare semplicemente d'amore?
In molte delle manifestazioni cui prendevo parte continuavo a incontrare i soliti ostacoli. Alcuni riuscivo a superarli, altri no.
Al Teatro Tenda di Roma, una sera, dovevo solo cantare. Ma al mio arrivo trovai un rappresentante della famiglia Villa che dava in escandescenze. Urlava a squarciagola: "Quanto le date, un milione? Ve lo do io, purché non canti!"
Era fuori di sé. E si trattava solo di uno spettacolo di beneficenza!
Era una situazione terribile e fastidiosa.
Continuava a ripetermi: "Canti solo se ti chiami Manuela!"
Ma io ribattevo. Avrei cantato come Manuela Villa. Chi era lui per vietarmi un nome che il giudice mi aveva permesso di portare?
Quel tizio, sembrava volesse divorarmi. Ripeteva con sempre maggiore arroganza, che avrei cantato solo se avessi tolto quel cognome.
Fui costretta a chiamare i Carabinieri che, non riscontrando alcuna irregolarità da parte mia, mi lasciarono proseguire.
Vista ormai l'ora tarda, il teatro si era svuotato, ma decisi di esibirmi ugualmente.
Fu un pubblico del tutto speciale: volontari, vigili del fuoco, addetti alle pulizie, il venditore di gelati e pop corn. Tutti loro avevano assistito a quella misera messa in scena ed esplosero in un applauso interminabile, colmando il vuoto di quella strana serata.

Non mi ero piegata davanti a un simile insulto, si trattava della mia dignità. Quella sera avevo dimostrato di essere Manuela Villa di nome, ma anche di fatto.
Credo che mia madre e mio fratello, che puntualmente cercava di difendermi rischiando anche di arrivare alle mani, non dimenticheranno mai quei brutti momenti. Se oggi vado ancora avanti è proprio per la sofferenza che avevo letto sui loro volti.
Li vedevo sempre più fragili e indifesi mentre io, colpevole di averli coinvolti ancora, a distanza di anni, nelle conseguenze delle mie scelte, mi convincevo sempre di più che se volevo evitare qualcosa di spiacevole era arrivato il momento di lasciarli fuori e di irrompere nella stanza di quel deleterio silenzio.

CAPITOLO 31

"NON DEVE CANTARE"

Ormai camminavo con in tasca la sentenza che mi autorizzava a chiamarmi Villa, in modo che ogni qual volta si fosse presentato un problema analogo avrei potuto difendermi.
Confesso che la utilizzai molte altre volte, ma a poco serviva quando mi imbattevo nella stupidità di certe persone. Non tutti si chiamavano Toto o Nilla e in quei casi non c'era niente da fare. L'unica soluzione era quella di mandare giù quel boccone amaro, con la speranza e la pazienza di chi sa che un giorno potrà dimostrare le proprie ragioni.
Una sera lo Sciacallo mi coinvolse nella festa di compleanno di "uno importante", in occasione della quale era stato organizzato uno spettacolo.
Era di un altro giro di amicizie ed era difficile che potessi incontrarvi qualche membro della famiglia di mio padre che avrebbe potuto ostacolarmi.
Arrivai in anticipo per fare le prove, dovevo cantare *Granada*.
All'hotel Sheraton di Roma, avevano adibito una grande sala per i festeggiamenti. Tutti i tavoli erano imbanditi per l'occasione.
Uno ad uno, gli ospiti cominciarono ad arrivare. Signore impellicciate, uomini impettiti con le mani lisce e morbide come la seta. Nel giro di mezz'ora tutti erano ai loro tavoli maestosamente apparecchiati.
Da parte mia non conoscevo nessuno, nemmeno il festeggiato. Sedevo vicino al palcoscenico, non lontano dall'uscita, e il tavolo di fronte a me era ancora vuoto.
Fu proprio mentre mi chiedevo chi potessero essere questi maleducati che arrivavano tanto in ritardo, che iniziarono ad arrivare.
Prima uno, poi l'altro e infine, con aria beffarda e l'atteggiamento di chi dice "Pensavi di farla franca, ma ora ci sono io", la figura che a quel tavolo mancava. Era il figlio di mio padre.

Non potevo credere ai miei occhi. Una persecuzione. E cosa aveva da sorridere tanto proprio non riuscivo a spiegarmelo. Ebbi un attimo di esitazione, era come se qualcuno facesse di tutto per farmelo incontrare in ogni circostanza.
Dovevo ancora iniziare a mangiare, ma il momento dello spettacolo si stava avvicinando e non avevo fame. Di solito non riesco a mangiare prima di un'esibizione, mi fa male lo stomaco. Mi limitavo a guardare con voluto disinteresse le profumatissime portate che mi passavano davanti e sotto il naso.
Intanto lui rideva, sicuro di sé, insieme a quello che gli sedeva accanto.
Non passò molto che un signore alto e vestito di tutto punto si accostò allo Sciacallo, bisbigliandogli all'orecchio parole veloci.
Ebbi subito un presentimento, gli chiesi chi fosse e che cosa volesse.
Tra un grissino e l'altro, sorseggiando tranquillo un po' di vino col mignoletto rivolto verso l'alto, lo Sciacallo mi rispose dolcemente ironico.
"Non puoi cantare."
"Perché? Cosa ho fatto? Non sono piaciuta alle prove?" gli chiesi.
Non era quello, ero piaciuta, mi disse lo Sciacallo, ma non potevo comunque cantare.
Nel frattempo l'altro continuava a sghignazzare.
Ben presto tutto mi fu chiaro. Era il solito boicottaggio. Ma perché?
Era una festa di compleanno, non c'era la televisione, non c'era la stampa. Questo tizio ce l'aveva proprio con me! Cosa voleva?
Non volevo farmi vedere sconfitta, ma fondamentalmente lo ero. Mi sentivo sola, abbandonata, frustrata, inutile, brutta e in più una fame nera mi stava divorando.

Fu a quel punto che a quelle brutture subentrarono la mia rabbia e il mio istinto di sopravvivenza. Decisi di sfruttare l'occasione e facendo finta di niente cominciai a mangiare tutto quello che i camerieri con estrema eleganza mi mettevano davanti.
Due primi, due secondi, patate al forno... pesantissime! Pane, vino, dolci e frutta, insomma tutto.
Almeno li sfruttavo io, pensai tra me e me, e cercai anche di ridere per non dar loro soddisfazione. Ormai quella serata sarebbe stata per me una felice abbuffata.
Ma qui il colpo di scena. Il presentatore salì sul palco.
"Signore e signori, ecco a voi Manuela Villa che ci farà ascoltare *Granada!*"
Partì la base con quell'introduzione trionfante, quella sera la più angosciante che le mie orecchie avessero mai sentito.
Per un attimo gli occhi del figlio legittimo si scontrarono con i miei. Eravamo entrambi basiti.
Mi alzai subito, alla mia destra c'era la scala per salire sul palco, ma con tutto quello che avevo mangiato e i tacchi che mi facevano barcollare, sembrai Sara Simeoni con la sua medaglia d'oro tra le mani. La mia medaglia era il microfono.
Quella cena luculliana pesava davvero sul mio povero stomaco, avevo il fiato corto, il vino mi saliva fino alle orecchie e sentivo il cuore battere all'impazzata. Non sentivo più la musica ma solo quel battito, che mi portava a seguire il suo tempo.
Vicino alla porta, intanto, il figlio di mio padre sbraitava. Non era stata rispettata la promessa fatta: io non dovevo cantare!
Riuscii a terminare l'esibizione e scesi dal palco esterrefatta. Gli "arrabbiati", boriosi e inviperiti, mi chiesero chi mi avesse detto di cantare, poi se ne andarono, mentre io cercavo di capire come fosse potuta succedere una cosa simile.

La spiegazione era semplice. Tutti i presenti erano d'accordo che io non dovessi cantare, ma nessuno aveva cancellato il mio nome dalla scaletta che il presentatore avrebbe letto. E così, per un errore umano, Manuela Villa cantò *Granada* anche in quell'occasione.
Al figlio di mio padre dico che mi è dispiaciuto scoprire tutto quel risentimento nei miei confronti. Vederlo arrabbiato mi faceva male, ma oggi mi piacerebbe davvero poterci ridere su insieme.

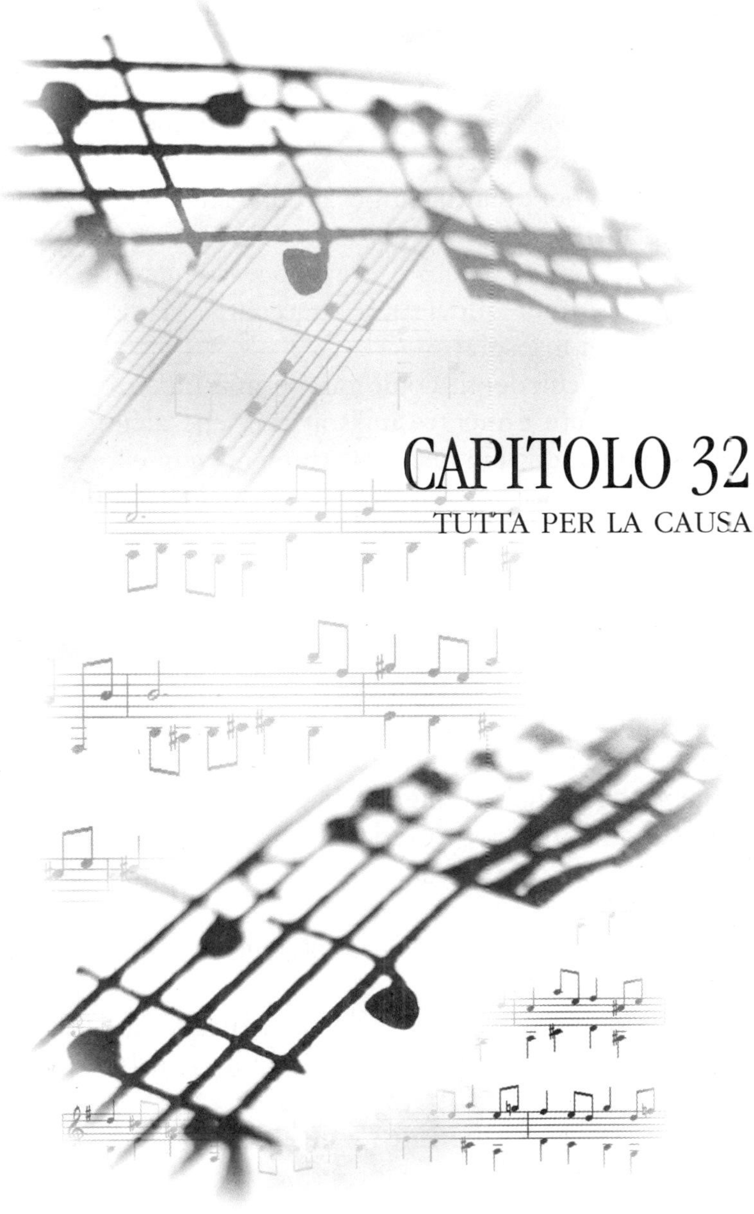

CAPITOLO 32

TUTTA PER LA CAUSA

Tra una prova, uno spettacolo e un boicottaggio, riuscivo ad essere sempre presente alle udienze per la causa di riconoscimento.
Da una all'altra trascorrevano anche otto mesi e tutto diventava assurdo. Fascicoli persi e poi ritrovati, indirizzi sbagliati, scioperi, festività...
Mi chiedevo per quanto tempo sarebbe andata avanti questa pagliacciata.
Ebbi anche un "avvocato", così si faceva chiamare, al quale per circa due anni affidai tutta la faccenda. Ma non succedeva niente. Mi insospettii.
Cominciai a chiedergli come mai le mie udienze venissero sempre rinviate e mentre mi spiegava che alcuni indirizzi erano stati trascritti in maniera errata, mi venne forte il dubbio che questo "avvocato" non avesse mai fatto nulla.
Avevo ragione. Due anni buttati al vento. Non aveva neanche presentato gli atti in tribunale.
Mi recai nel suo ufficio, ritirai tutta la documentazione e gli dissi che gli avrei fatto causa per inadempimento, incompetenza, danni causati e quant'altro. Farabutto.
Avevo dato fondo a tutti i miei risparmi e a tutte le mie energie per andare avanti con questa benedetta causa di riconoscimento. E anche se i miei guadagni erano solo pochi spiccioli, certamente li avevo sudati.
Non avevo né i soldi né la voglia di intentare un'altra causa, per di più contro un avvocato. Non mi fidavo, avevo paura. Pensavo che la giustizia esisteva solo per chi se la poteva permettere.
Capii allora che dovevo concentrare tutte le mie forze per un unico scopo. Mi sarei rifatta in seguito contro tutti coloro che avevano approfittato di me.
In breve, trascurai del tutto ogni mio interesse per dedicarmi solo al riconoscimento di paternità. Raggruppai tutte le prove, fui presente a tutte le udienze in maniera

attiva, cercai di intuire in anticipo le mosse false dell'avversario per poterle controbattere, e ogni qual volta decidevo di affrontare un discorso mi accertavo di avere prove consistenti a seguito.
Ma la cosa più importante e nel contempo la più difficile era mantenere i nervi saldi nonostante le insulse dichiarazioni e le affermazioni ignobili che ero costretta ad ascoltare.
L'avvocato della controparte tentò svariate volte di farmi perdere la ragione con frasi pesanti che riguardavano mia madre e mio padre, ma capii ben presto che era solo una tattica.
Rimanevo fredda, attenta ai particolari, alle espressioni, ai segni d'assenso o dissenso, al nervosismo che traspariva dal movimento delle mani e dei piedi, al tossire ripetuto, alla domanda e, finalmente, alla risposta.
Lì il mio cervello cominciava a rivedere come fotogrammi di un film, prova per prova, azione per azione, frasi, parole, date.
Durante una di queste udienze il giudice chiese alla moglie di mio padre e a me se eravamo d'accordo a fissare l'udienza successiva per l'8 febbraio. Altri dieci mesi...
Chiesi alla corte se fosse stato possibile anticipare la data. Avevamo una ventina di testimonianze da ascoltare, ma ne venivano affrontate solo due per udienza. Quanto tempo sarebbe trascorso prima della fine?
Il giudice mi spiegò che si trattava di una fase molto delicata: avrebbe lui stesso interrogato accuratamente i testi valutando le loro affermazioni, e aveva dunque bisogno di tempo. Convinta da quelle motivazioni accettai la sua proposta.
Non fu così per la controparte. La signora, il cui solo interesse era quello di prendere tempo, portandosi la mano sulla fronte in segno di profondo turbamento, chiese con voce accorata di posticipare la data, dal momento che ricorreva l'anniversario della morte del caro marito.

Il mio sdegno nel sentire quell'assurdità lo lascio solo immaginare. L'anniversario della morte di mio padre non era l'8 ma il 7 febbraio.
Lo ricordai al giudice con voce ferma, senza chiedere alcun permesso, sicura di quello che stavo per sostenere.
La mia frase sembrò scolpita nell'aria di quell'aula. Tutti i presenti impietrirono, il giudice scrollò la testa perplesso. Poi fissò in maniera definitiva il giorno dell'udienza, senza più considerare l'espressione della vedova accorata né quella del suo avvocato che dava segni di nervosismo.
Quando parlo di freddezza e attenzione voglio dire questo. L'istinto certamente era un altro: reagire, sbraitare di fronte a quelle inconsistenti falsità. Ma sarebbe stata una reazione compromettente. Per smascherare ogni bugia dovevo essere lucida e razionale, fino a reprimere anche la mia innata passionalità.
Il tribunale divenne la mia seconda casa, con l'unica differenza che la dividevo con degli estranei.
Partecipai a tutte le udienze e imparai anche a leggerle al contrario. Non sempre le deposizioni rilasciate al giudice venivano trascritte dalla persona addetta: in sua assenza potevano trascriverle gli avvocati di entrambe le parti.
Seguendo anche questa fase da vicino, potevo accorgermi di qualche errore di trascrizione. Basta una parola per cambiare il senso di un'intera frase e se nessuno la corregge subito rimane agli atti per sempre.
Volevo vedere in faccia le persone che avrebbero deciso le nostre sorti. L'idea che chiunque potesse accedere ai fascicoli e cambiare le cose a proprio piacimento mi faceva impazzire. Proprio per questo, sin dall'inizio, presi istintivamente l'abitudine di fotocopiare anche i respiri. Avevo tutto in doppia e triplice copia.
Arrivarono al punto di non poter continuare un'udienza perché era scomparso nientemeno che l'esame del DNA.

Mi dissero che è una cosa normale, che succede spesso. Mah, forse, non so...
Io comunque tirai fuori la mia fotocopia e potemmo proseguire.
Essere lì mi scandalizzava. Miriadi di scartoffie dentro gigantesche cartelle di carta con un nastrino di cotone a custodirle, fogli, firme in balia di chiunque, pezzi di vita accalcati e trasportati su di un carrello senza sponde, senza un minimo di accortezza fuoriuscivano come un'omelette da un panino troppo stretto, cadendo qualche volta lungo le scale insieme alla privacy delle persone coinvolte.
In tribunale i muri hanno orecchie e spesso anche occhi. Ed è un ambiente che brulica di talpe, che vivono nell'ombra ed escono solo quando nessuno le vede.
Mi piacerebbe capire come mai venivo sempre a conoscenza di quello che accadeva attraverso i giornali, quando ancora il mio stesso avvocato era ignaro di tutto. E la privacy? E la possibilità di difendersi?
Ancora più difficile quando cambiavano i giudici e il nuovo incaricato, non potendo leggere i fascicoli di una vita, si basava sul resoconto del predecessore per poi riassumerlo a sua volta, interpretando secondo la propria visione i passi che gli sembravano oscuri.
Poco si può fare per non soccombere a questo sistema.

CAPITOLO 33
SI ALZI IL SIPARIO

Nel frattempo, per fortuna, la mia carriera proseguiva con non poche soddisfazioni.
Nell'agosto del 1992, durante una tournée in Sicilia, ebbi il piacere di conoscere Martufello e non fu solo un piacevole incontro, ma anche un passo importante verso una nuova, magnifica esperienza.
Maurizio, infatti, parlò di me a Pier Francesco Pingitore e Mario Castellacci, che mi offrirono un ruolo nella nuova compagnia teatrale che stavano formando.
Non ero più nella pelle e nella mia testa l'immaginazione cavalcava il tempo. Telefonai a mia madre per raccontarle l'accaduto. Era entusiasta quanto me.
Insieme al timore dell'audizione serpeggiava in me la paura che per i soliti motivi non sarei stata accettata, anche se nonostante tutto continuavo a nutrire una certa fiducia nel prossimo.
Mi feci coraggio e mi presentai al Salone Margherita per il provino. Ero terrorizzata, non riuscivo a parlare fluidamente per la paura di dire qualcosa di sbagliato e temevo di non essere all'altezza dei grandi nomi che di lì a poco avrei incontrato.
L'odore del teatro, di quelle poltrone color porpora così importanti ai miei occhi, mi eccitava!
Con il cuore che batteva forte, cantai cinque canzoni del repertorio classico.
La mia voce aveva superato l'esame, ma dovevo fare i conti con la mia immagine. I capelli ricci, dai riflessi rossastri, si posavano sulle mie spalle e oscillavano a ogni minimo movimento. Indossavo un completino jeans giallo canarino con un paio di scarponcini dello stesso colore. Avevo proprio l'aria di una ragazzina imbarazzata appena uscita di casa. In compenso la mia voce aveva lasciato il segno.
Pingitore mi parlò di una stagione teatrale che sarebbe iniziata a ottobre e della possibilità che io fossi inserita nelle

puntate televisive trasmesse a gennaio. Si stava presentando l'occasione giusta per dare dimostrazione delle mie capacità. Ovviamente accettai.
Oltre all'occasione irripetibile, quell'esperienza mi regalò degli incontri indimenticabili.
Ricordo con quanta tenera ironia, che a lui non manca mai, "il Maestro" Oreste Lionello mi dava lezioni su come camminare con i tacchi. Fino a quel giorno li avevo sempre rifiutati a favore dei miei comodi scarponcini. Lui mi diceva che sembravo un ussaro e io sorridendo lo imitavo, e così muovevo i miei primi passi tra le quinte.
La grande dolcezza di Leo Gullotta mi accarezzava come un sorriso sincero. Una sera, finito lo spettacolo, si accorse che non avevo ricevuto fiori e per non farmi uscire dal teatro a mani vuote mi regalò i suoi. Mi commosse.
Anche nei momenti più bui, Maurizio Mattioli riusciva a farmi ridere a crepapelle: "A Villa... ar posto de 'e corde vocali c'hai du liane de Tarzan!"
E Martufello, simpatico ed eterno ragazzo sempre pronto per un consiglio, era stato l'artefice di tutto questo. Non saprò mai come ringraziarlo.
I suoi occhi mi trasmettevano una dolcezza mista ad ironia che sentivo vicina al mio modo di essere, ma non sono mai riuscita a dirgli quanto bene mi facesse anche solo un suo sorriso. Sempre così elegante mi metteva in soggezione. In confronto a lui mi sentivo piccola, sia in altezza che in esperienza.
Con lo Sciacallo sempre fra i piedi che sminuiva ogni mia iniziativa, l'affetto e la gratitudine che avrei voluto esprimere si rintanavano dentro di me facendo uscire una Manuela fredda e distaccata. Invece, alla mia maniera, avrei voluto dirgli "A Martufe', ma lo sai che ti voglio proprio bene!"
Del gruppo faceva parte anche Pippo Franco, che non ha mai nascosto quanto soffrisse per la mia situazione e quanto

avrebbe voluto aiutarmi a crescere. Dopo averlo visto in televisione, con la sua aria da burlone, conoscerlo di persona è stata una piacevolissima sorpresa. Elegante e raffinato nei modi, corretto e serio come pochi sul lavoro, mi ha trasmesso una grande professionalità.
Valeria Marini era la mia compagna di camerino, un camerino troppo piccolo e affollato da quegli abiti di scena bellissimi e pieni di lustrini che mi facevano impazzire.
Quanto tempo abbiamo trascorso in quei pochi metri quadri, cercando di calmare i nervi prima dello spettacolo! Avevamo entrambe i nostri spazi, ma in quel camerino non c'entravano sicuramente le nostre insicurezze.
Fraintendevamo le nostre paure, la necessità di dimostrare in poco tempo le nostre capacità. Eravamo così diverse Valeria ed io, sia fisicamente che artisticamente, che spesso finivamo per innervosirci, ma alla fine la soddisfazione e i risultati placavano ogni dissapore. Tra lacrime e abbracci, tante volte ci siamo dichiarate il nostro affetto reciproco.
La sua bellezza prorompente e il grande impegno che metteva nello studio mi avevano fatto capire che accanto a me stava nascendo una diva. Provavo ammirazione ma anche tanta tenerezza, era come una bambina che aveva bisogno d'amore, e pensavo a quanto sarebbe stato difficile, per lei così bella, capire e distinguere l'amore vero dall'interesse.
Conservo ricordi bellissimi di quella stagione teatrale e televisiva, e quando mi capita di incontrare Valeria ricordiamo con un pizzico di nostalgia quelle ore trascorse insieme, con le nostre ansie e i nostri timori.

CAPITOLO 34
SENZA COGNOME

Tutto procedeva come da copione fin quando, proprio in teatro, mi venne notificato il secondo "articolo 700".
Ancora una volta mi si inibiva l'uso del nome d'arte Manuela Villa: il primogenito, il legittimo, era di nuovo all'attacco, ma questa volta con un'arma in più da giocare. Aveva richiesto alla Corte Dei Conti di poter aggiungere ai suoi documenti il cognome Villa, diventando così Pica Villa. Un nuovo, incomprensibile problema da risolvere.
Da quel preciso momento non avevo più il nome d'arte che avevo scelto per me. Esso scomparve dai manifesti e dalle locandine, e da quella sera venni di nuovo presentata al pubblico come Manuela.
Capii subito che il suo scopo era quello di annientarmi, cercando in tutti i modi di non farmi esistere artisticamente.
Ma perché quel provvedimento arrivò prima in teatro e poi a me personalmente? Evidentemente speravano che la produzione si sarebbe disinteressata di me, dal momento che non avevo più un nome altisonante. Ero semplicemente... Manuela!
Quando quella sera arrivai in teatro, mi venne incontro Pier Francesco Pingitore che mi mostrò quello spietato verdetto. Mi aspettavo d'essere cacciata ancora una volta e per di più senza diritto di replica. Ma con lo sguardo più dolce ch'io ricordi in tutta la mia vita, Ninni, così lo chiamano gli amici, mi fece coraggio. Poi, con la tenerezza di un padre e il fascino del grande uomo che è, mi chiese: "Ce la fai stasera, a fare lo spettacolo?"
Feci un respiro profondo, mi asciugai gli occhi: "Stai tranquillo, adesso mi passa. Non farmi cantare è quello che vogliono, ma se per te va bene, dimostrerò con o senza nome chi sono e quello che valgo."
Gli promisi che avrei fatto lo spettacolo, ma giurai che sarebbe arrivato il giorno in cui si sarebbero vergognati per tutto quello che mi stavano facendo.

Lo vidi preoccupato, ma allo stesso tempo orgoglioso, per quello che avevo detto. Sentii una carezza sul viso e poi dentro l'anima che mi fece stare meglio, e mi illusi di poter superare quello straziante momento come se niente fosse stato.
Ma avevo un crampo allo stomaco e il fiato corto. Sentivo la gola rimpicciolita, come se temesse di aprirsi ed emettere un qualsiasi suono, mentre il teatro già era strapieno. Con il piumino della cipria mi tamponavo costantemente il naso, che all'estremità si faceva sempre più rosso, e sottolineavo gli occhi con la matita nera per nasconderne il gonfiore.
Mi mancava l'aria, lo stomaco era rigido come una pietra infuocata. Ogni tanto Ninni veniva a rassicurarmi e si assicurava che tutto procedesse per il meglio. Poi toccò a me.
Entrai in scena con i tacchi traballanti e il vestito che non sentivo più addosso. Avevo l'impressione di camminare sull'olio. Mi sembrava che il pubblico proprio quella sera pretendesse l'impossibile, ma non avevo più fiato.
Iniziai a cantare *Granada* cercando di contenere il tremore che avevo in corpo ma improvvisamente, a metà canzone, scivolai nella mia fragilità.
Il nodo alla gola mi soffocò, un pugno in pieno stomaco e giù, finii a terra, come un uccello abbattuto solo per il gusto di impedirgli di volare.
In un primo momento il pubblico pensò che fosse una scena comica, secondo lo spirito della serata, e aspettò come da copione la battuta successiva. Ma la battuta non arrivava, io ero inesorabilmente giù. Entrarono di corsa alcuni dei miei colleghi, il primo ballerino Jean Michel Danquine, Salvatore il tenero macchinista e altri addetti ai lavori, che mi sollevarono e mi portarono nel camerino di Martufello, adagiandomi sul suo divano.
Ripresi conoscenza in pochi secondi, come immediatamente riprese lo spettacolo.
"The show must go on".

CAPITOLO 35

LA VOGLIA DI DIMOSTRARE

Senza dubbio ero un soggetto che creava problemi, ma la grande professionalità e la sensibilità di tutta la compagnia, degli autori e della produzione, delle sarte, delle ballerine, di Evelyn Hanack la coreografa, di Rosa Pol... Tutti, ma proprio tutti, mi diedero la forza e una nuova occasione per andare comunque avanti. Grazie!
Divenne sempre più difficile nei giorni seguenti accettare quella dura realtà. Poco a poco mi sentivo spersonalizzare. In fondo mi era stata tolta con violenza l'unica cosa che mi faceva sentire vicina a mio padre.
Per l'ennesima volta iniziai a chiedermi chi fossi. E trascorsero ore, giorni, mesi, con l'angoscia di entrare ed uscire dal teatro evitando di guardare le locandine, dove il mio nome appariva a metà. "Villa" era stato coperto con del nastro adesivo bianco. Un lavoro ben fatto, ma io lo vedevo e ne soffrivo.
Un pezzo di scotch per coprire un nome... e per cucirmi la bocca.
Maturai un forte senso di ribellione. Non era giusto sentirmi incompleta solo a causa di un nome, avevo il dovere di lavorare su me stessa e di scovare il lato positivo di tutta questa storia.
Dovevo essere in grado di dare il meglio in ogni occasione, evitando di far predominare la rabbia, il rancore, le paure, le frustrazioni. Queste cose dovevano rimanerne fuori, solo così potevo conoscere le mie vere possibilità, conoscere i miei limiti per non prevaricarli e soprattutto conoscere me stessa. Dovevo capire fino a che punto potessi mantenere il mio autocontrollo.
Quella fu solo una vittoria apparente per coloro che mi volevano finita. In realtà divenni più forte interiormente, fino a sconfiggere la loro stessa arroganza e annientare la mia debolezza.
Il pubblico ancora una volta era protagonista in questa vicenda. Applaudiva Manuela che cantava e così tutto

questo trovava un senso. In fondo, un artista esiste se c'è chi lo apprezza.
Partecipai a tutte le puntate di *Saluti e Baci*... e così Manuela cresceva!
Un giorno, come per uno scherzo del destino, una persona del pubblico all'uscita del teatro mi fece i complimenti per la mia voce.
"Lei mi ricorda qualcuno che non riesco a focalizzare! Comunque complimenti" mi disse.
Lo ringraziai. L'appartenenza a mio padre era più forte ed evidente di qualunque sforzo fatto per annientarmi.

CAPITOLO 36

VERSO L'AUTONOMIA

Durante tutto questo periodo lavorativo, col mio primo 740 e il nome mozzato, concretizzai uno dei miei sogni nel cassetto, andare a vivere da sola.
Ripresi in mano il giornale che anni prima avevo usato per cercare un gruppo con cui cantare. Stavolta, però, cercavo casa.
Visti i prezzi degli immobili non potevo permettermi più di cinquanta metri quadri, ma quello spazio per me era perfetto. In poco tempo trovai quella che sarebbe diventata la mia tana, un rifugio. Era vicino casa di mia madre, in modo da evitare un distacco traumatico.
Con qualche trattativa e un po' di mediazione concordai l'importo. Comprata con i miei sacrifici non aveva più prezzo. Nessuno mi aveva regalato niente!
Diedi l'anticipo, feci il rogito, accesi un mutuo, e nel giro di pochi mesi andai a vivere lì con il mio piccolo Bonsai – un barboncino bianco che non mi avrebbe mai tradita – un acquario di pesci d'acqua dolce e un pappagallo che chiamai Remo come buon auspicio per il Festival.
Il mio unico pensiero era il dubbio che non sarei riuscita a pagare tutte le rate del mutuo.
Per l'arredamento scelsi mobili in giunco colorati, pagati anch'essi con le rate, e dopo circa un anno dormire finalmente nel mio letto "tutto pagato" mi diede un senso di serenità, una soddisfazione sconfinata.
Non riuscii mai, però, ad arredare il bagno come avrei voluto, perché occorrevano troppi soldi. E come cucinino lasciai quello che vi trovai, era ancora nuovo e in fondo mi bastava per cucinare un po' di latte e caffè la mattina e della carne per il piccolo Bonsai.
Da terra fino al soffitto, entrando in casa, le pareti erano ricoperte di fotografie e immagini che ritraevano i momenti più spiritosi della mia vita. Era il mio modo di prendermi un po' in giro.

In alto, in modo che nessuno potesse arrivarci, una gigantografia di mio padre e Louis Armstrong abbracciati, mentre si facevano delle grandi risate durante un Festival. Mi dava allegria.
In una parete adiacente, un manifesto d'epoca originale che ritraeva mio padre giovanissimo con la sua prima uscita discografica. Lo aveva regalato proprio lui a mia madre e io lo conservavo gelosamente.
Le foto di Bonsai, con il suo ciuffo bianco in ogni angolo, e tanti gingilli che erano appartenuti a mia nonna materna riempivano i piccoli spazi rimasti tra un poster e l'altro. Dischi, video, e tante piante grasse, che non hanno bisogno di molta acqua ma solo di luce. E di luce in quella casetta di cinquantacinque metri quadri ce n'era tantissima.
Il mio armadio era quasi vuoto: tute da ginnastica e qualche vestitino adatto per lo spettacolo, che non durava più di una stagione ma a me piaceva. Li avevo comprati con i miei risparmi.
Iniziò dunque la mia vita da single.
Le mie giornate le addolcivo con esperimenti in cucina e così imparai a fare ottimi dolci, biscotti e torte (savoiardi e ciambellone rimangono comunque la mia specialità!).
La casa fu l'unica soddisfazione che, almeno in parte, mi faceva dimenticare tutto il resto. Tra una ricetta e tante canzoni, amaro e aspro era il pensiero della decisione del giudice riguardo al famoso "700".
Ma alla fine della stagione teatrale e televisiva, sorpresa! Come una vera presa in giro arrivò la tanto attesa sentenza: potevo di nuovo chiamarmi Manuela Villa.
Via quel terribile nastro adesivo dalle locandine ma soprattutto via dalla mia bocca!
L'esito non mi sorprese affatto perché sapevo di essere nel giusto. Non avevo rinunciato neanche un attimo a quello che mi spettava di diritto. Il mio unico commento fu un'amara risatina.

Da quell'esperienza imparai a lasciare più spazio alla mia autostima, che prima di allora non avevo mai considerato. Avevo bene in mente che "tutti abbiamo bisogno di tutti", ma ora c'ero anch'io.

CAPITOLO 37

IL FESTIVAL DI SANREMO

Finita la stagione, con il mio nome tutto per intero ripresi a cantare più motivata di prima, lasciandomi alle spalle quel periodo magico e allo stesso tempo incandescente. Era il momento di riprendere il cammino.
Per ogni cantante il palcoscenico dell'Ariston, e dunque Sanremo, è un traguardo che si desidera raggiungere almeno una volta nella vita e quando si avvicina il periodo autunnale il pensiero di parteciparvi diventa sempre più incalzante.
Mi chiedevo chi ci sarebbe stato quell'anno, ma soprattutto mi chiedevo se qualcuno si sarebbe mai interessato a me, se qualcuno avrebbe creduto in me senza badare alle solite scuse e ai soliti problemi di sempre.
Con una buona dose di ottimismo cercavo di allontanare quei pensieri per evitare inutili illusioni, ma il destino ancora una volta mi colse di sorpresa.
L'occasione si presentò proprio per il 44° Festival di Sanremo.
Fu creato un gruppo con Nilla Pizzi, Mario Merola, Lando Fiorini, Gimmy Fontana, Wilma Goich, Tony Santagata, Wess, Giuseppe Cionfoli, Gianni Nazzaro, Rosanna Fratello e me, mentre lo Sciacallo già organizzava il nuovo tour facendo diabolicamente i conti sulla mia pelle con la sua matita a punta fine e un quadernino piccolo e subdolo quanto lui stesso.
Undici artisti per una canzone. Il nome del gruppo era "Squadra Italia" e il titolo del brano *Una vecchia canzone italiana*.
Più che una grande occasione fu per me una vittoria personale, che in parte mi riscattava di tutto ciò che avevo subìto fino a pochi mesi prima.
Nessuno riuscì a comprendere la mia emozione nel vivere quell'esperienza. Anzi, in molti criticavano la mia partecipazione dando consigli inutili a riguardo.

"Ma cosa ci vai a fare con quelli, non lo vedi che sono dei vecchietti patetici? Tu che c'entri?"
Sono sempre stata convinta di una cosa: se in Italia fosse arrivato un gruppo come il nostro, formato da "patetici vecchietti" americani, tutti quelli che ci schernivano si sarebbero sicuramente inchinati, compresi alcuni illustri giornalisti! Ma il gruppo era italiano e malgrado tra noi ci fossero i più grandi rappresentanti della nostra cultura musicale, poco importò.
Ce ne fregammo del tutto e ci godemmo l'ottimo successo riscosso presso il pubblico. Alla fine è questo quello che conta.
Al di là di queste evenienze, la mia esperienza sanremese fu interessante davvero.
Era un mio antico sogno quello di salire sul palcoscenico dove mio padre era stato protagonista nei momenti più intensi della sua carriera, in tante delle sue splendide *performance*. E avevo un tarlo nella mente: la convinzione che proprio lui mi avesse guidata fin là per farmi vivere in qualche modo le sue stesse emozioni.
Una volta condiviso anche questo, mi avrebbe lasciata al mio destino.
Questo chiodo fisso mi faceva tremare. Percepivo un senso d'abbandono, di solitudine, di estrema insicurezza. Non volevo fare quel passo nel vuoto, avevo paura di non sentirlo più dentro di me, temevo di perderlo.
Il momento più magico di quella splendida esperienza non furono la prima né l'ultima serata del Festival, bensì le prove.
Era la prima volta che salivo su quel palco e assaporai lentamente gli scalini per accedere alla scena, gustandoli gradino per gradino come fossero biscotti al miele.
Sorrisi a mio fratello Claudio che contraccambiò con entusiasmo, e mi lasciai dietro tutti i pregiudizi e le calunnie,

calpestando le invidie e afferrando la stessa emozione che doveva aver colto mio padre tanti anni prima.
Lo sentivo accanto, felice, e anch'io lo ero. Quell'angolo di palcoscenico mi apparteneva e non avrei voluto lasciarlo più.
La settimana era di fuoco: foto, prove, vestiti da indossare... Poi, quella famosa conferenza stampa.
Incontrammo fotografi e giornalisti in sala stampa e, come in un'aula di tribunale, ci sedemmo gli uni di fronte agli altri.
Ero agitata ma composta. Avevo deciso di non reagire ad alcuna provocazione e poco a poco mi rasserenai.
Le domande cominciarono ad incalzare, ma proprio mentre sentivo che sarebbe toccato a me, puntualmente venivo evitata.
In un'ora nessuno, dico nessuno, dimostrò il benché minimo interesse verso di me. Era evidente che, come al solito, facevano finta che non esistessi per evitare polemiche. E pensare che volevo solo cantare!
Riuscii ad infischiarmene, nonostante qualche sforzo, pensando che anche a un grande come Claudio Villa doveva essere capitata almeno una volta una circostanza simile. Quello che mi stava accadendo faceva solo parte del gioco, anche se era un gioco pieno d'ipocrisia che a me non piaceva.
Non conservo un buon ricordo di quel Festival tranne che per aver cantato con Nilla Pizzi, Mario Merola e Lando Fiorini, gli amici di mio padre. Gli altri colleghi non li conoscevo ancora bene.
L'indifferenza della stampa proseguì anche durante il Dopofestival, finché una giornalista dolcissima di cui, chiedo perdono, non sono riuscita a sapere il nome, vedendo il disinteresse palese mostrato da tutti i suoi colleghi nei miei riguardi, in chiusura di programma si alzò.

"Ma noi ci stiamo dimenticando la splendida voce di Manuela Villa!"
Titoli di coda, sigla, pubblicità. Il programma era finito e... Sanremo pure.

CAPITOLO 38

L'OBBLIGO DEL SILENZIO

Altre trasmissioni seguirono e con esse "l'obbligo del silenzio". Mi si chiedeva con atteggiamenti di inadeguata indifferenza di non parlare del mio legame con Claudio Villa, senza pensare che non ne avevo assolutamente l'intenzione.
La fiducia nei miei riguardi divenne un miraggio in pieno deserto. Sapevo che la pazienza e la tolleranza mi avrebbero prima o poi ripagata di tutto, ma la mia personalità era repressa.
Tante volte ho avuto l'istinto di urlare al mondo la verità e tutto quello che stavo sopportando, ma sapevo che non era il momento giusto.
Intanto i fascicoli in tribunale si riempivano sempre più di polvere, che io facevo sempre più fatica a togliere.
Cantare era diventata per me l'unica possibilità per dimostrare di essere figlia di quell'uomo tanto conteso, ma era anche l'unica maniera per pagare onorari da capogiro a un avvocato che potesse seriamente impegnarsi per concludere quella telenovela burocratica.
Mi affidai a un sedicente amico di famiglia, che per egocentrismo, narcisismo ed interesse si rivelò un nuovo sciacallo. Pensava solo a come apparire nei rotocalchi ed era velocissimo nel comunicare all'ANSA il suo ridicolo nome seguito da una serie di titoli estremamente vari: scrittore, attore, regista, era tutto tranne che un serio avvocato.
E non vide l'ora di rinfacciarmi gli sconti benefici che mi aveva fatto in nome dell'amicizia.
Quell'amicizia mi costò cara. Per pagare i suoi onorari dovetti vendere la casa che non avevo ancora finito di pagare, e con parte del ricavato lo liquidai definitivamente. Lui satollo, mentre io perdevo l'unica soddisfazione che ero riuscita a concretizzare dopo anni di lavoro e di umiliazioni.
Col trascorrere del tempo ritrovavo mio padre solo tra i fascicoli e le aule di tribunale.

Da quel lontano Festival non riuscivo più a sentirlo vicino a me e mi resi conto che avrei dovuto cercarlo dentro, lasciandomi travolgere da quelle sensazioni impalpabili che si provano solo in rare circostanze.
Fu una coincidenza incredibile ritrovarmi in una stanza d'albergo e scoprire che anche lui aveva dormito lì in quella camera, in quello stesso letto. Dovrei descrivere uno a uno i brividi che attraversarono vertiginosamente il mio corpo, ma non ci riuscirei.
Capitò anche che mi assegnassero lo stesso camerino e vidi con stupore delle foto che mi erano state scattate durante un concerto: erano identiche ad altre foto di mio padre, lo stesso sfondo, lo stesso albero, la stessa casa.
Ancora, una signora gentile che mi ospitò a casa sua prima dello spettacolo per offrirmi un caffé mi raccontò che anche mio padre si era fermato una volta da lei per lo stesso motivo. Sotto una delle tazzine che tirò fuori dalla cristalliera aveva posto una crocetta per ricordarsi da quale delle due avesse bevuto mio padre. La ringrazio ancora per la sua grande generosità nei miei confronti.
Come posso spiegarti, padre, che le carezze si ricevono anche in questo modo e che non importa vedere le cose ma sentirle? È così bello quando mi accarezza così...

CAPITOLO 39

L'AUSTRALIA

Non credo di dover ripercorrere la strada di mio padre, non sarebbe giusto né per me né per lui. Ma è come se avessi preso tra le mani tutti i suoi momenti, belli e brutti, perché mi facessero da guida in un mondo pieno di lupi che lui aveva ben conosciuto e che amava e odiava nello stesso tempo.

Tra una trasmissione e l'altra facevo viaggi all'estero cercando continuamente nuove strade e nuovi palcoscenici. Lo Sciacallo volava sempre accanto a me, ed era sempre più difficile imporre la presenza di mio fratello Claudio. Non riuscivo a spiegargli i miei sentimenti per quell'uomo e lui subiva un'umiliazione ancora più grande della mia. Così, mio fratello viaggiava in economy mentre lo Sciacallo era servito e riverito accanto a me. Ne soffrivo ma andavo avanti, anche se non so quale forza mi spingesse a farlo.

Quella volta, ventisei interminabili ore di volo ci avrebbero portato in una terra nuova. L'Australia.

Perth, Adelaide, Sidney, Melbourne, Brisbane, posti favolosi e comunità italiane vastissime. Lo Sciacallo era in piena forma.

Capii subito, arrivati nella prima città, il gioco dell'esperto marpione. Aveva venduto due articoli al prezzo di uno, come al supermercato!

La locandina diceva così: "Manuela e Claudio Villa Junior in concerto".

Andai su tutte le furie. Avevo la paura consapevole che se mai quella locandina fosse arrivata nelle mani della famiglia "legittima" sarebbe successo il finimondo.

Dichiarai guerra all'organizzatore, ma solo più tardi mi resi conto che tutto era solo merito dello Sciacallo.

Di fronte a quella locandina urlai disperatamente, e a mio fratello sembrò che ce l'avessi con lui. In realtà non sapevo più con chi prendermela.

Per quei due mesi non fummo fratelli. E lo Sciacallo, intanto, incassava.

Al ritorno da quel viaggio mi fu detto che i bonifici non erano stati fatti e che dunque i soldi non erano arrivati. Solo lui sa quanti fossero!
Mio fratello ed io non ci frequentammo per circa due anni. Quando andavo a trovare mia madre a casa, lui se ne andava e io facevo lo stesso.
Mamma soffriva. Cercava di aprirmi gli occhi e mi ripeteva sempre, come del resto faceva papà, che la persona che mi stava accanto era un manipolatore. Arrivai a litigare anche con lei.
Ma con una mamma dura poco. A ogni mia richiesta d'aiuto era sempre pronta a fare qualsiasi cosa.
Alla fine, però, lo Sciacallo aveva sempre la meglio.

CAPITOLO 40

POCAHONTAS E LA PACE

Nel 1995, dopo un provino e varie selezioni, ebbi un colpo di fortuna e fui scelta da Alan Menken per doppiare la colonna sonora del film della Walt Disney *Pocahontas*, che uscì proprio quell'anno.
Sembrava dovesse accadere chissà cosa! Lo Sciacallo, proprio lui, mi disse di non svelare nulla di quell'evento, perché di lì a poco si sarebbe scatenato il mondo: pubblicità, foto, interviste, in pratica tutto quello che serve per far crescere un artista. Ancora una volta lo ascoltai.
Finché una sera, a casa con il mio Bonsai, vidi per caso in televisione la presentazione del film.
Io non esistevo! Presentarono gli artisti della sigla di coda come se fossero quelli scelti dalla Disney per il film, ma non era vero! La voce cantata di Pocahontas era la mia, in tutte le canzoni del film. Perché omettere la verità?
Trascorsi quella notte dipingendo un quadro che rappresentava il mio volto e il mio stato d'animo, spargendo su una tela pochi colori ad olio misti a lacrime. Per farlo usai le mani, l'unico mezzo che avevo. Lo intitolai *L'obbligo del silenzio*.
Nessuno mi poteva tutelare e io, ironia della sorte, non avevo "voce" in capitolo. Così, ancora oggi, pochi sanno che la voce di quel personaggio era la mia.
Vero è che avendo di fatto cantato le canzoni, fui coinvolta per contratto in alcune apparizioni previste per la promozione del film, e proprio grazie a quella clausola partecipai a diversi programmi, soprattutto per bambini.
Fu in una di queste occasioni che mi si presentò una nuova e importante iniziativa: il cinquantesimo anniversario di sacerdozio di papa Giovanni Paolo II.
Lavorai con tutto il mio impegno per quel progetto così particolare. Per la prima volta tre religioni monoteiste cantavano per la pace, insieme, in piazza San Pietro, e l'evento veniva trasmesso in mondovisione. Fu come toccare il cielo con un dito.

Il fatto che Manuela Villa fosse coautrice di quel testo non fu pubblicizzato, ma insieme a Samira Sayd e Rinat Gabbay rappresentammo, anche se solo per tre minuti, la pace dei popoli nel mondo.
Il papa si accorse di me e mi applaudì. Poi, durante un'udienza in cui gli feci dono di quel testo, mi accarezzò il volto e sussurrò: "Dio benedica la tua voce!"
Fu la mia estrema e unica felicità. La considerai un'esperienza personale, umana, e imparai a non pensare più solo al lato artistico di quello che facevo.

CAPITOLO 41

E L'ITALIA RACCONTA: CANTARE CON LUI

Quello stesso anno partecipai in qualità di ospite al programma televisivo *E l'Italia racconta* ed ebbi modo di conoscere Paolo Limiti, che lo presentava.
Iniziò da quel momento un ciclo straordinario della mia vita. Finalmente avevo incontrato una persona che con eleganza ed estrema dolcezza mi lasciava cantare, dandomi l'opportunità di parlare della mia storia senza bisogno del DNA né di sentenze conclamate.
Tante telefonate e molti fax cercarono di contrastare questa iniziativa a dir poco coraggiosa, proprio come era accaduto qualche anno prima per *Piacere Rai 1*.
Pur conoscendo bene la mia storia, nessuno nel mondo dello spettacolo aveva mai osato raccontare la verità. Ma era arrivato il momento di parlare e Paolo lo fece.
In quel contesto televisivo io e mio fratello Claudio ci ritrovammo, con il pretesto di realizzare dei duetti virtuali tra me e nostro padre (uno dei duetti l'avevamo inciso nel 1993 solo per noi). Così, riunimmo i nostri cuori e ci risvegliammo dal torpore e dallo stordimento, annientando la nostra apparente indifferenza reciproca.
Ma quei duetti non risvegliarono solo i nostri animi. Si realizzava il sogno che inseguivo da sempre, condividere qualcosa di unico con mio padre e col resto del mondo.
Paolo dedicò più di uno speciale a Claudio Villa e furono tutti dei successi.
La gente mi fermava per la strada. Nella mia vita di tutti i giorni dimenticavo quello che rappresentavo e non pensavo più che il giorno prima avevo commosso l'Italia. Mi sentivo normale. In fondo, non facevo altro che esprimere nella musica il mio stato emozionale ed era un caso che questo coincidesse con l'aspettativa del pubblico.
Così, ogni volta mi meravigliavo dell'affetto che mi circondava, come mi meravigliai della signora che al supermercato mi inseguì col carrello: "Manuela, aspettami qui, non te ne

andare! Salgo a casa a prendere la puntata con Limiti che ho registrato e mi metti l'autografo!"
Ero stupita e contenta. Il muro del silenzio si stava frantumando. Ma era troppo facile pensare che stessi finalmente per raggiungere il mio obiettivo.
Non fu così. Più il muro si sgretolava, più mio padre si allontanava da me.
La stampa si interessò al mio caso e anche chi fino ad allora mi aveva trattato come un cane rognoso adesso mi diceva quanto fossi brava e come gli somigliassi. Ora ero tale e quale, non c'era bisogno del DNA per capire che ero sua figlia.
Tutto questo lecchinaggio mi mandava in bestia.
Il 7 febbraio del 1997, un'altra strabiliante coincidenza.
Come ogni anno, quello per me era un giorno da dimenticare. Desideravo unicamente stare sola.
Già da tempo avevo scelto un giorno del mese di maggio per festeggiare il mio compleanno, qualunque giorno andava bene, purché fosse di maggio, il mese del mio concepimento.
A risvegliarmi dal tepore della vigliaccheria ci pensò il telegiornale. Per commemorare i dieci anni dalla scomparsa di Claudio Villa, gli avevano dedicato un servizio speciale mandando in onda il duetto virtuale che avevo realizzato nel programma di Limiti.
Finalmente, Claudio e sua figlia Manuela cantavano insieme per quel giorno che in qualche modo li univa.
Ero in estasi.
Nel giorno della sua scomparsa, nel giorno della mia nascita, noi, come due gocce che si uniscono per dissetare una farfalla che deve volare. Volare solo per un giorno.
Piansi. I miei occhi erano gonfi e le mie guance pallide e bollenti. Non sapevo cosa fare. Mi mancava la forza di parlare e i singhiozzi echeggiavano nella mia stanza.

Bonsai si era nascosto sotto il letto e con lui Hontas, la cuccioletta femmina che avevo appena acquistato.
"Non è possibile", riuscivo a pensare solo questo.
Da chissà quale mondo mio padre mi aveva fatto un grande regalo. Ora volevo contraccambiare.
Nel giro di pochi minuti, presi la mia motocicletta dal garage – lui amava andare in moto – e mi diressi al cimitero di Rocca di Papa.
Portai con me dei fiori. Quello era il nostro giorno.
Aspettai l'orario di chiusura per non farmi vedere da nessuno e prima di andarmene suonai il clacson tre volte. Volevo parlargli.
"Sono qui, oggi mi hai riconosciuta davanti al mondo intero cantando con me. In cambio voglio donarti quello che ora non puoi fare. Senti quest'aria che bacia le guance? Sono baci che ti sto dando. E i miei capelli rossi che ondeggiano? Ti sto cullando. E le mie mani infreddolite? Ti sto scaldando. E senti l'odore della notte? Ti sto sentendo. Buonanotte e stammi sempre accanto come oggi."
Tornai a casa felice, soddisfatta e forte. Quella forza cresceva ininterrottamente. Avevo la sensazione di essere protetta e la paura era una belva in fuga.

CAPITOLO 42
UN'AMARA VERITÀ

Seguitai a cantare con un entusiasmo mai avuto, ogni volta come fosse l'ultima. L'insicurezza, che in passato mi aveva spinto a rifugiarmi in dolci e cioccolata, sembrava essersi allontanata.
Ma vedevo che questa mia apparente serenità innervosiva sempre di più lo Sciacallo. Fin da troppo tempo avevo affidato a lui le mie sorti e ora cominciava a sentire l'odore della mia libertà.
Ero più sicura di me e fu inevitabile che iniziassi a intuire i veri interessi che mi legavano a quell'insulso individuo.
Un giorno gli chiesi ingenuamente dei soldi per pagare un viaggio aereo da Roma a Catania. Ma povero stupido! Rispose che stavo spendendo troppo e che non c'erano soldi per fare quegli inutili viaggetti. Mi insospettì terribilmente.
Non era possibile. La mia ultima vacanza, per di più al mare da mia zia, risaliva a dieci anni prima, e per quante spese potessi sostenere era impossibile che non avessi duecentomila lire.
Con la faccia più tosta che io ricordi lo Sciacallo tirò fuori i suoi appunti e mi elencò una lunga serie di spese: pappa per il cane, veterinario, parrucchiere... mancava però la sua casa, tutta pagata coi miei soldi!
Il giorno seguente mi recai in banca e mi accorsi di non poter accedere al conto perché era intestato unicamente a lui.
Che sciocca, non ci avevo pensato!
In pochi istanti scoprii che tipo di serpe mi trascinavo dietro da anni, lui che diceva di essere l'erede affettivo di un padre inadempiente. Era stato facile fare il lavaggio del cervello a una ragazzina in cerca d'amore.
Mi accorsi che quell'uomo era un soggetto pieno di frustrazioni. Il suo tentativo di fare l'artista era stato un fallimento e aveva dovuto ripiegare sulle capacità degli altri, visto che le sue scarseggiavano.
Io dovetti ricominciare tutto da zero.

Avevo però dalla mia la giovinezza e la voce, che mai nessuno potrà togliermi tranne Dio. Ricominciare quando si è giovani può fare bene e pensai quasi di doverlo ringraziare!
Mi piacerebbe poter dire che con quella scoperta mi liberai di lui, ma purtroppo il mio condizionamento psicologico ed emotivo era tale che cercai qualsiasi attenuante per giustificarlo.
Mi colpevolizzavo, preferivo pensare che fossi io ad aver sbagliato, piuttosto che accettare la sua mediocrità.
Non ero ancora pronta a spiccare il volo.

CAPITOLO 43

VITTORIA?

Malgrado tutto mi sentivo viva e l'entusiasmo, quello no, non mi mancava mai.
Andai comunque in Sicilia e fu proprio lì che, un giorno, il telefono iniziò a squillare. Era mia madre.
"Manuela ti stanno cercando tutti. Abbiamo vinto! Abbiamo vinto!"
Chi mi stava cercando? Cosa, cosa avevamo vinto? Cosa stava succedendo?
"Abbiamo vinto la causa!"
Lacrime, urla, disperazione, felicità. Come alla moviola ho visto scorrere davanti ai miei occhi tutte le udienze, le umiliazioni, il silenzio ingoiato e ingoiato di nuovo.
Era tutto così inammissibile e irreale... Non ci credevo! Ebbi paura, ma riuscii a contenerla.
Mi organizzai una serata a base di pizza, quella pizza che avrei tanto voluto mangiare con mio padre, e quella notte passò portandosi via tutto quello che le apparteneva.
Andai a dormire esausta e partii per Roma il giorno seguente.
Al mio rientro la stampa era incuriosita. Giornalisti e fotografi che mi conoscevano da tempo e che in qualche modo avevano condiviso con me le mie vicende burocratiche erano anch'essi emozionati. Tra una foto e l'altra mi regalavano sorrisi e complimenti. Fu un grande momento.
Lo Sciacallo riapparve più comprensivo e paterno di prima, e cercò di organizzare nuovi concerti per sfruttare quel momento prezioso.
Io, però, continuavo la mia discesa verso il baratro. Allontanato il primo effimero entusiasmo, giorno dopo giorno mi ripetevo la stessa domanda.
"Ma mio padre dov'è?"
Che dura realtà, che sconfitta! Ma di quale vittoria parliamo? Mi accorsi che non avevo ottenuto nulla. Il riconoscimento, certo, era avvenuto, ma il punto era mio padre.

Ho inseguito il suo nome come se potesse condurmi direttamente a lui, ma non fu così.
Ho consumato i miei anni migliori illudendomi di poter recuperare l'amore perduto, per poi rendermi conto che tutto questo era follia.

CAPITOLO 44

ADDORMENTARSI

Questi pensieri mi ossessionavano e mi trascinarono verso una profonda e lacerante depressione.
Arrivai al punto di vedere nel sonno l'unica via d'uscita a quel rimuginare e così evitavo di mangiare per sentirmi stanca e poi dormire, dormire, dormire ancora.
In quel periodo scrissi una canzone dal titolo *Il sogno che fuggì al risveglio*, perché ogni volta che mi svegliavo mi rendevo conto di quanto fosse impossibile raggiungere mio padre.
Tra sonniferi e pillole antifame mi abbandonai completamente.
Accanto a me, confusa ed esausta, continuava a presenziare lo Sciacallo, che pur di farmi cantare per guadagnarci su, mi ripeteva che stavo bene, che ero bellissima. Mi veniva a prendere, mi tirava giù dal letto spiegazzato, mi vestiva, mi portava a cantare.
Ritornavo a casa sempre più magra, esaurita, con la voglia di addormentarmi e la speranza di non svegliarmi più pur di non incontrare ancora quella lurida faccia.
Volevo farla finita, annientare quello scarto di donna che era riuscito a farmi sentire. Venivo solo usata...
Pensai di unirmi a mio padre attraverso i sogni, se mai fossero giunti.
Afferrai una boccetta di sonnifero e con accanto il mio piccolo grande amore Bonsai mi addormentai tra tormenti e confusione.
Il telefono che squillava invano insospettì mia madre. Tutta la famiglia e il nostro caro amico Angelo vennero in mio soccorso, riuscendo a tirarmi fuori dai guai. Ero solo una bella addormentata, ma i guai erano annidati dentro di me.
La Manuela bambina si stava risvegliando e chiedeva aiuto attraverso gesti irrazionali. Per quattro volte tentai di raggiungere mio padre. Mi addormentavo, e al risveglio... l'orrore della sconfitta.
Perdonami mamma per quanto ti ho fatto soffrire.

Ovviamente fu sempre puntuale ai miei tristi risvegli anche lo Sciacallo che, invece di pensare alla mia fragile esistenza e al mio equilibrio barcollante, controllava quante date sarebbero state annullate quella volta, con la conseguente perdita economica.
Fece di tutto pur di rimettere in piedi al più presto "la Villa che non stava tanto bene". Mi assillava, come il ronzio di una zanzara portatrice di malaria in un'asfissiante notte d'estate.
"Vedi, sono stato mandato da tuo padre per aiutarti..."
Ma ormai ogni sua sillaba mi faceva rivoltare lo stomaco. Dovevo andare avanti. Solo io potevo distruggermi, non gli altri. Non potevo accettare una simile sconfitta esistenziale e pretendevo almeno un minimo di rispetto.

CAPITOLO 45

UNA NUOVA FORZA: LA LIBERTÀ

In breve, in pieno agosto, fui di nuovo in piedi. Ero pronta per affrontare il pubblico per dei festeggiamenti di piazza in un'isola vicino Roma. Ma non vi arrivai mai.
Attesi al porto tutto il pomeriggio il biglietto per l'imbarco, con lo Sciacallo che già pensava all'incasso.
Faceva un caldo bestiale e sotto il sole, magrissima, smunta e demotivata, aspettavo il traghetto sentendo quella presenza ingombrante anche a distanza. Non lo sopportavo proprio più.
In quel periodo mi ero anche presa una cotta per un ragazzo che mi piaceva da morire, ma non avevo tempo per conoscerlo bene e la mia testa si trovava comunque altrove.
A un certo punto spuntò lo Sciacallo, con i biglietti tra le dita e con quel suo sorriso che dichiarava implicitamente un'altra mia sconfitta.
Gli chiesi se la sera stessa saremmo potuti tornare e mi rispose di no.
"Non ci sono altri traghetti dopo la mezzanotte."
Una sensazione di strangolamento mi attraversò il corpo e non ci misi tanto a realizzare che una volta partita non sarei più potuta tornare fino al giorno successivo. Non sarei stata libera di andarmene e avevo il fiato di quel tipo sul collo...
Il mio sguardo si assentò, fissavo nel vuoto.
Il traghetto era ormai stracolmo di corpi sudati in cerca di un posto, valigie straripanti preparate in tutta fretta per un altro fine settimana al mare.
Le eliche giravano all'impazzata, come la mia testa. Non stavo bene. Fissai la spuma del mare che ribolliva sotto e vicino al pontile.
Lo Sciacallo mi tirava per un braccio: "Sbrigati che parte!"
Ero assente. Guardavo solamente il mare e il suo ribollire fresco davanti ai miei occhi.
"Che ti prende, sei matta? Vuoi far saltare la serata?"
Il capitano, intanto, mi esortava a salire.

Per qualche secondo, poggiata al parapetto, entrai con la mente tra quelle eliche impazzite, come avevo fatto con la bara di mio padre. Guardavo l'acqua e provavo la sensazione indescrivibile di essere al suo posto. Un solo attimo, bastava un attimo.
Il pensiero di quell'attimo e poi il nulla... mi fece sorridere. Mi fece sorridere l'idea di non trovare più davanti a me lo Sciacallo con i biglietti in mano, mi fece ridere la sua preoccupazione nel non riuscire a convincermi più. Davanti a tutta quella gente non poteva fare nulla per costringermi. Tutto questo mi piacque. Mi eccitava il contrasto tra la sua faccia da finto disperato e il mio sorriso, che ritraeva la vera disperazione.
Un rumore, un campanello nella mia testa, un moto di autodifesa o non so cosa mi fecero distogliere lo sguardo dalla spuma del mare.
Mi voltai, lui si bloccò e cominciò a tentennare con il corpo. Sembrava avesse paura di quella marionetta che lui stesso manovrava, come se non ritrovasse più i fili per toglierle o darle la vita.
Avevo il fuoco negli occhi quando gli dissi che non sarei partita.
"Se ci tieni tanto a quella serata, falla tu!"
Il traghetto se ne andò verso l'isola e lo Sciacallo dovette riaccompagnarmi a casa. Tutti i miei muscoli, che prima si erano irrigiditi, adesso traballavano come un budino. Ero stanchissima e una volta a casa vi restai per un paio di giorni.
Il mio primo impulso fu quello di sparire dalla faccia della terra, in modo che anche la sua, di faccia, scomparisse.
Ma per la prima volta dopo tanto tempo, ecco... una forza nuova, effimera ma nuova.
Quella cotta, quel ragazzo tanto interessato a me, quell'innamoramento improvviso che mi aveva colto di sorpresa...

Fu un nuovo inevitabile errore. Continuavo a sbagliare! Ma è facile sbagliare quando si cerca l'amore vero.
L'esperienza maturata mi fece fare meno capriole nel vuoto e il pensiero che stavo distruggendo mia madre mi fece almeno riflettere di più.
Ancora una volta, non potei evitare che mi fossero sottratti i soldi, tutti quelli che mi erano rimasti, che mi privassero del microfono comprato con tanti sacrifici, o dei miei splendidi teli per il fondale.
Questo nuovo Sciacallo aveva preso il posto del primo. Ma non riuscì a togliermi il mio essere viva, il mio talento e la mia autostima, riacquistata a fatica dopo una vita di umiliazioni.
E non riuscì a denudarmi del sentimento dell'amore. C'è sempre nel mondo chi merita amore e privare loro per colpa di qualcun'altro non è giusto. Io oggi amo ancora di più.
Non riuscì a chiudermi la bocca né con lo scotch né con altri mezzi. E io oggi parlo di più.
Non riuscì a farmi rivestire di nero, il suo colore. Io vivo di colori!
Grazie a Dio questo innamoramento effimero durò solo pochi mesi. Per poi ancora una volta, pensava lui, scomparire nel nulla dopo aver preso tutto.
Guardare avanti e vivere diventò il mio unico obiettivo.
La prima cosa che volli fare fu di escludere dalla mia vita tutti quelli che l'avevano calpestata.
Allontanai in malo modo lo Sciacallo numero uno e il numero due, e ringrazio Dio per non aver messo le mani in faccia a entrambi.
Il mio primo concerto senza Sciacalli fu sorprendente.
Non dovevo più trascinarmi quel peso morto che intascava i miei soldi e si permetteva ricchi sonni, mentre io, sfinita, al ritorno dal viaggio lo scarrozzavo fin sotto casa perché era stanco.

E non dovevo più sentirmi dire che non contavo niente come artista né come persona, che facevo schifo o che mio padre non mi aveva voluta perché non valevo niente. Forse quelle frasi avrebbe dovuto dirle a se stesso...
Ah che bello! Che liberazione!
Mi riappropriai della mia dignità, finalmente decidevo da sola. Giurai a me stessa che nessuno avrebbe mai più potuto mettere bocca sulle mie azioni e diventai imprenditrice di me stessa. Manuela Villa ero e sono io e nessun altro.
La donna che era in me, soffocata per anni, prendeva il posto della bambina in cerca d'affetto. Quella gabbia in cui avevo rinchiuso i miei più intimi sentimenti si frantumò in mille pezzi come un bicchiere di cristallo.
Ero finalmente pronta a scrivere un nuovo capitolo della mia vita, lasciando da parte tutti gli interrogativi che mi avevano cambiato. Mi ero trasformata in un animale che per salvare la pelle attacca per primo, ma ora ero stanca.
Erano sempre stati gli altri a decidere per conto mio, e dovevo prendere coscienza delle mie capacità sia intellettive che spirituali.
Smettere di confondere l'amore per un padre con quello di un'altra persona era un passo fondamentale.

CAPITOLO 46

GLI ULTIMI ATTACCHI

E il mio nome?
La vedova era sempre più accanita e, con le due figlie ormai maggiorenni, approfittava della lentezza burocratica per attaccarmi con nuovi esasperanti ricorsi.
Fu in una delle ultime udienze che volle darmi un ulteriore colpo di coda. Non lo dimenticherò mai.
Chiese al giudice un nuovo accertamento del DNA attraverso un ciuffo di capelli di mio padre da lei custodito e, come se non bastasse, un'eventuale nuova perizia con le sue figlie.
Di fronte a quell'assurda richiesta, la mia fu una risposta a bruciapelo. Feci notare al giudice che l'esame del DNA lo avevamo fatto con il diretto interessato. Tra l'altro nessuno ci garantiva che il ciuffo di capelli appartenesse realmente a nostro padre. E portai anche con me un ritaglio di giornale che riportava alcune interessanti statistiche sulla percentuale di tradimenti non rivelati: avere un cognome su un documento non vuol certo dire avere lo stesso DNA...
Il giudice non prese neanche in considerazione la ridicola richiesta della vedova.
Mi chiedevo dove alloggiasse il buon senso.
Udienza dopo udienza questa interminabile causa di riconoscimento proseguì senza colpi di scena. Ma ci avevamo fatto l'abitudine.
Il tempo rubò la parte al silenzio e divenne l'attore principale, divorando gli anni della spensieratezza e dell'allegria. Tutto se ne andava via con lui.
L'unica cosa che sono riuscita a ottenere da tutta questa vicenda è stata la possibilità di incontrare e frequentare mio padre, anche se solo per poche ore.
Non mi sarei mai sognata di andare al di là di una pizza con lui. Ma la gente cattiva ha sempre dubitato della mia, della nostra buonafede.

Ci siamo spogliati dei nostri più intimi pensieri per saziare le domande inquisitorie, spesso subdole, di tante persone, facendo male a noi stessi pur di dire la verità.
Ma quanto c'è costata questa verità!
Nessun giudice, nessun tribunale, né articoli, né foto potranno ridarci quei momenti che teneramente cercavamo di vivere con lui.
"E l'eredità? Avrai certamente fatto i soldi!"
Sono in molti a domandarlo. E a loro rispondo.

Niente vale quanto questa voce che Dio mi ha regalato!
Quanta "eredità" servirebbe per compensare gli anni persi, ventuno... per dimostrare qualcosa che tutti già sapevano?
Quanto denaro potrebbe ripagarmi del corredo di mia nonna, che ho svenduto per liquidare gli avvocati? E la mia deliziosa casa, anch'essa in mano ad altri?
Quale eredità potrebbe ridare la serenità a mia madre, che per tanti anni ha dovuto difendersi da ingiurie e accuse gratuite?
E a mio fratello Claudio, per il suo dolore intrappolato nel silenzio?
Per non parlare di papà Elio e di mia sorella Chicca, che non hanno potuto vivere in armonia all'interno della loro stessa famiglia, vittime anch'essi dello sguardo maligno e diffidente di coloro che sputano sentenze, non curanti della propria superbia e spesso di una gratuita e famelica volgarità?
Questo è stato il prezzo che ho dovuto pagare per cancellare l'onta del silenzio e dare voce all'anima.
L'unica eredità è quella che io ho lasciato al mondo in cambio della verità.

CAPITOLO 47

LA MIA VITA

Incontro tutti i giorni colleghi e persone nuove, e poco importa se tra gli addetti ai lavori c'è chi non crede in me come artista. Il pubblico che mi ha sempre sostenuta continua a farlo e solo a lui devo dire grazie.
Il primo marzo del 2004 arriva Jacopo, mio figlio, colonna sonora della mia esistenza. Con lui tutti i miei perché se ne vanno, c'è il suo sorriso nuovo e puro che mi riempie dentro e nient'altro. Anche le cose più brutte si trasformano, ho iniziato una nuova vita.
In tanti mi chiedono perché non l'abbia chiamato Claudio, come mio padre.
Volevo conoscere una persona che si chiamasse Jacopo, come non mi era mai capitato. Ma soprattutto volevo che mio figlio, desiderato solo ed esclusivamente per amarlo, avesse a partire dal nome una sua propria personalità, senza alcun riferimento ad altri. L'unico suo riferimento dovrà essere lui stesso, solo così sarà un grande uomo.
E come ringraziare papà, che continua a volermi un gran bene anche attraverso mio figlio? Sentire il mio bambino chiamare nonno la persona che con tanto amore mi ha cresciuta è un regalo grandissimo di questo strano gioco che è la vita.
Il mio piccolo grande amore Bonsai, il barboncino che mi ha seguito in tutti i momenti più difficili, nel mese di giugno dello stesso anno mi ha lasciato, proprio come fa un grande attore quando sente che sta giungendo al tramonto.
Non posso non dare importanza a un esserino che mi ha dato tanto, e continua a farlo nei ricordi, senza chiedere niente in cambio. Spesso c'era solo lui ad ascoltarmi, per interi giorni, senza mai uscire di casa, e con il suo morbido codino e tanta voglia di giocare mi dava la forza per rialzarmi in piedi.
Un anno dopo anche Hontas l'ha seguito e sono rimasta sola con il mio bambino. Un pugno e una carezza...

A luglio del 2004, la sentenza di cassazione dichiara che io e mio fratello Claudio siamo figli legittimi di Claudio Pica in arte Claudio Villa.
Le motivazioni? Le stesse di ventuno anni fa.
Mi chiedono tutti se sono contenta...
"Di cosa?" rispondo io. Sono ventun'anni che dico le stesse cose, mi è difficile essere contenta.
E tuo padre?
Mio padre lo ritrovo tra la gente che continua a ricordarlo, lo incontro costantemente in giro per il mondo.
Oggi io sono Manuela Maria Garofalo Pica, in arte Manuela Villa.
Starai pensando: "Che bella vittoria!"
La mia vittoria è solo quella di aver sconfitto il silenzio.

Oggi... io canto!

EPILOGO

Manuela e Claudio si sono visti costretti, nell'anno 2004, a intentare una nuova causa al fine di essere risarciti dallo stato ai sensi della cosiddetta Legge Pinto, per i danni subiti dalle lungaggini burocratiche dei tre noti gradi di giudizio. La competente Corte di appello di Perugia ha dapprima fissato l'udienza di discussione a oltre un anno dalla presentazione del ricorso e poi lo ha respinto per immotivate questioni di rito. Ancora una volta, quindi, Manuela e Claudio sono stati ingiustamente lesi nei propri diritti. Nel 2006 hanno proposto un ricorso per cassazione contro il provvedimento della Corte di appello di Perugia. Un anno dopo, la Corte di cassazione non aveva ancora fissato l'udienza di discussione.

UN GRAZIE DI CUORE A

Marcello Cirillo, per aver creduto in me e per avermi presentato all'editore
Armando Curcio Editore, per aver creduto nella mia storia
Francesca Mapelli, per il piacere avuto nel condividere con me questo lavoro
Pepè, per avermi regalato con le sue foto parte della vita di mio padre, vissuta con o senza di lui
Maria Teresa, per avermi regalato alcuni oggetti che appartenevano a mio padre
Salvatore Tolomeo, per avermi dato la forza di rialzarmi e vivere ancora
Salvo La Rosa, per aver contribuito alla mia rinascita
Famiglia Bizzarro del circo Città di Roma, e in particolare Rina, Liliana, Walter, Elio, per essermi stati vicino come lo erano stati con mio padre
Fausto Paddeu, per avermi dato l'opportunità di ricominciare
Valentina Ciccaglioni, che con la sua sensibilità mi ha aiutato a riprendere i miei appunti impolverati dal tempo

Avvocato Andrea Pietrolucci
Avvocato Manuela Maccaroni
Gianfranco Salustri
Johnny Lombardi
Lenny Lombardi
Grace Isgrò

Pippo Baudo, per aver ricordato mio padre

Agli amici Gianni Elsner, Malvina Zazzetti, Flavia Cacciola, Genny, Annalisa Minetti, Dante Maggio, Fabio De Nunzio di Striscia la Notizia, Elena Lorè, Angelo Vitillo e Grazia Palumbo, Enza Grasso, Anna Quadrelli, Eliana Serafini, Franca Casciani,

Alessandro Lo Cascio, Luigi Dell'Armi, Mauro Arnaboldi, Rosanna Teta, Annamaria Polito, Carla Casamatta, Serenella Piccioni e Umberto Andreini, Nadina Alfieri, Giuseppina Monaco, Giulia Ventura, Valeria Procaccini, Hosos

Valentina, Fabiola, Tiziana, Francesco, Roberto, Massimiliano, Mino, Ale, Barbara e tutti coloro che mi sono stati vicini

A tutti i fan che mi hanno spronato e convinto a scrivere

Mamma, per avermi fatto crescere senza astio e rancori
Papà, per avermi fatto crescere nel rispetto delle mie origini
Claudio, per aver compreso e amato una sorella ingombrante
Ilaria, per avermi dato la gioia di diventare zia per la prima volta
Chicca, per essere nata e per rappresentare l'unione della nostra famiglia
Zia Mileti, per avermi fatto capire da subito cosa vuol dire amare veramente
Jacopo, per avermi ridato il sorriso

A Bonsai e Hontas

A me e a mio padre, per questi venti anni vissuti cantando...
Un amore così grande

Stampa AMADEUS - Ariccia (Roma)
Finito di stampare nel mese di gennaio 2007